Lilian Ofosu

Grundausbildung der wahren
geistlichen Kriegsführung I

Lilian Ofosu

Grundausbildung der wahren geistlichen Kriegsführung
nach Epheser 6,12

DER KAMPF BEGINNT..

Kriegsführung
nach Epheser 6,12

Bibliografische Information der Deutschen Nationalbibliothek:

Die Deutsche Nationalbibliothek verzeichnet diese Publikation in der Deutschen Nationalbibliografie; detaillierte bibliografische Daten sind im Internet über http://dnb.dnb.de abrufbar.

1. Auflage 2018
2. Auflage 2019
3. Auflage 2019

Autor: Lilian Ofosu
Herstellung und Verlag: BoD – Books on Demand, Norderstedt
ISBN: 978-3-752847-09-3
Printed in Germany
Texte: © Copyright by Lilian Ofosu
Satz und Umschlaggestaltung: © Copyright by Lilian Ofosu
Titelbild: pexels.com Photograph by Maria Pop
Fotos: Pixabay.com

Die zitierten Bibelverse sind wenn nicht anders angemerkt der revidierten Elberfelder Übersetzung (2006) entnommen.

Impressum
Lilian Ofosu c/o Postflex
Helmers Kamp 74
48249 Dülmen
Email: info@kriegsfuehrungnachepheser6-12.com
www.kriegsfuehrungnachepheser6-12.com

Anmerkung: Im vorliegenden Text sowie in den meisten der Gebete, werden einige Adjektive die in Verbindung mit den Herrn und seinen Attributen stehen, je nach Eingebung und Schreibfluss, entgegen der Rechtschreibnorm, ganz bewusst groß geschrieben, denn unser Herr ist ein Allmächtiger Gott, und ihm gebührt diese Ehre!

Widmung

Dieses Buch ist Jesus Christus meinem Erretter und Erlöser gewidmet, denn wenn du HERR nicht für uns gewesen wärest, so soll Israel sagen - wenn nicht der HERR für uns gewesen wäre, als Menschen gegen uns aufstanden, dann hätten sie uns lebendig verschlungen, als ihr Zorn gegen uns entbrannte. Dann hätten uns die Wasser fortgeschwemmt, der Wildbach hätte uns überströmt. Dann wären über uns gegangen die tobenden Wasser. Gepriesen sei der HERR, der uns ihren Zähnen nicht zum Raub gab! Unsere Seele ist entronnen wie ein Vogel aus der Schlinge der Vogelsteller. Die Schlinge ist zerrissen, und wir sind entronnen. Unsere Hilfe steht im Namen des HERRN, der Himmel und Erde gemacht hat.

Psalm 149, 1-8

Danke sei unserem Herr Jesus Christus, jetzt und in Ewigkeit!

Über den Autor und die Entstehung des Werkes

Die Autorin stammt ursprünglich aus Ghana (West Afrika), sie lebt seit ihrem 4. Lebensjahr in Deutschland. Zum Glauben an Jesus Christus ist sie vor einigen Jahren durch ein geistlich-traumatisches Erlebnis gekommen. Auf dem Weg der Frage nach dem Warum? Findet sie die dringend benötigten Antworten nur in Jesus. Er errettet sie aus ihren Qualen und schult sie in der geistlichen Kriegsführung nach Epheser 6,12. So durchläuft auch sie jede der einzelnen Stationen zum geistlichen Soldaten, um ihre Geschwister im Herrn, für diesen Kampf zu schulen. Dabei durfte sie erfahren, dass es sich bei dem geistlichen Gefecht zwischen Himmel und Hölle, keineswegs um ein Märchen handelt.

Jeder Mensch, ist seit seinem ersten Atemzug auf dieser Erde, Teil dieses Krieges. Den wenigsten ist diese Tatsache jedoch bewusst. Selbst der Großteil der heutigen Christen kämpft nicht, sie sind ermüdet eingeschlafen (Matthäus 25,2!). Genau dieser Umstand zeigt an, wie weit wir in der Endzeit angekommen sind. Durch das Heilige Wort Gottes und durch seine persönlichen Offenbarungen, ist mit der Grundausbildung der wahren geistlichen Kriegführung 1 & 2, das erste Buch der Autorin entstanden. Es dient dazu, den schlafenden Leib Christi aufzuwecken und gegen die dunklen Kräfte der Finsternis zu mobilisieren.

INHALT

Einleitung

In der Grundausbildung zur wahren geistlichen Kriegsführung finden wir eine Zusammenstellung und Anleitung der wichtigsten Ressourcen Gottes, die er uns für einen erfolgreichen Glaubenskampf (1. Timotheus 6,12) zur Verfügung gestellt hat. Diese Ausbildung zum geistlichen Soldaten eignet sich für jeden gläubigen Christen, der trotz Bekehrung nicht mehr in Gebundenheit verharren möchte. Sie richtet sich an diejenigen, die ihre ganze Vollmacht, die Jesus ihnen am Kreuze von Golgatha geschenkt hat, in Anspruch nehmen wollen. Eine praktische Anleitung, die mit einfachen Worten eine Klarsicht darüber gibt, wie die geistliche Welt unser alltägliches Leben beeinflusst und wie wir uns und unsere Familien, durch eine strategische Kriegsführung beschützen können. Wie das Gefecht zu gewinnen ist, ohne dabei in ein Wespennest zu stechen. Und selbst wenn die „Hölle" losbricht, dieser nicht hilflos gegenüber ausgesetzt zu sein. Im folgendem die Themen, die wir im ersten Teil der Ausbildung zum geistlichen Krieger bearbeiten werden:

- ➤ Was ist geistliche Kriegsführung und was nicht?
- ➤ Der heutige Leib Christi und die „Besessenen"
- ➤ Dämonische Belastungen
- ➤ Sind es denn immer Dämonen?
- ➤ Wir betrachten das Schlachtfeld auf dem wir kämpfen
- ➤ Die feindliche Armee, ihre Struktur und ihre Zusammensetzung
- ➤ Welche Waffen gebraucht der Feind gegen uns?
- ➤ Wie setzt sich unser Waffenarsenal zusammen?
- ➤ Aufstellung unserer Rüstung (aus geistlicher Sicht)

Die Ausbildung gibt uns darüber hinaus ein Fundament darüber, was dieser Krieg wirklich für jeden einzelnen Christen bedeutet und wie er erfolgreich zu kämpfen ist. Wir werden erfahren was die Bibel darüber sagt und wie die Heilige Schrift, wie von Gott vorgesehen zu nutzen ist, um den Sieg den **Jesus** für uns erworben hat voll auszuschöpfen. Wir werden lernen geistliche Gesetze zu verstehen und zu respektieren. Wir werden Gottes Wort als die Wahrheit, die sie ist einsetzen, um die Lügen und die Fesseln des Feindes in allen Bereichen unseres Lebens aufzudecken und zu zerstören.

Auch an dieser Stelle sei gesagt, dass bei einem wahren Christen Anfechtungen einfach nicht aus bleiben. Doch als ein Kind Gottes hast du die Macht, sie nicht nur abzuwehren, sondern sie gar zu zerschmettern, denn es steht geschrieben:

> *Siehe, ich habe euch die Macht gegeben, auf Schlangen und Skorpione zu treten, und über die **ganze** Kraft des Feindes, und **nichts soll euch schaden**. **Lukas 10,19***

Dieser Vers sagt uns, dass wir auf Schlangen und Skorpione (die hier symbolisch für Geister und Dämonen stehen) treten werden. Das bedeutet, dass wir als Gläubige Kontakt und Berührungspunkte mit dem Feind haben werden, doch gleichzeitig wird uns das nicht schaden. Genau darum geht es in diesem Buch. Wir erlernen das richtige Verständnis und die erfolgreiche Umsetzung dieses Verses, für unser Leben.

Doch ehe wir bewusst in diesen Kampf eintreten, müssen wir den Herrn vorab einige wichtige Fragen stellen:

- Lebe ich in deinem Willen?
- Mit wem oder was bin ich in Übereinstimmung?
- Lebe ich unbewusst: „ in sich wiederholender Sünde?"
- Was muss ich ändern, um meine Beziehung zu dir auszubauen?

- Welche Anklagepunkte bringt der Feind vor dem heiligen Thron Gottes, gegen mich vor?
- Wie lautet die Klageschrift gegen mich und meine Familie?

Sobald wir beginnen die richtigen Fragen zu stellen, ersparen wir uns auf dem Schlachtfeld sehr viel Kraft und Zeit.

Wenn wir unsere Schwachheiten nicht ausmerzen ehe wir uns auf den direkten Kampf mit Satan einlassen, dann wird der Widersacher unserer Seele, genau diese benutzen, um uns anzugreifen. Unser Kampf wird dann in einem Hamsterrad voller Selbsttäuschungen und vergebener Mühe ausgefochten. Dabei verspricht uns das Wort Gottes:

Keiner Waffe, die gegen dich geschmiedet wird, soll es gelingen; und jede Zunge, die vor Gericht gegen dich aufsteht, wirst du schuldig sprechen. **Jesaja 54,17**

Verheißungen wie diese verlieren jedoch aufgrund unserer Ignoranz ihre Kraft! Dabei hat Jesus uns doch wahre Kraft und Autorität geschenkt. Setzten wir sie strategisch und mit Weisheit ein!

Kapitel 1

Vorbereitung zum Kriegseinsatz

Wenn ich über mein Leben zurückblicke, stelle ich fest, dass es meinen ehemaligen Hassern und Feinden größtenteils immer besser ging als mir. Jahrelang habe ich mir die Frage gestellt, was genau sie so sehr an mir gehasst haben, warum sie mich ablehnten, obwohl es ihnen gesundheitlich und materiell weit aus besser ging als mir. Auch waren sie in vielen sozialen Aspekten viel besser aufgestellt als ich. Heute kenne ich die Antwort. Heute weiß ich, dass diese Menschen unwissentlich vom Feind benutzt und verleitet wurden mir das Leben zu erschweren (Epheser 6,12!). Animiert und geleitet durch unreine Geister, wurden ihnen ohne ihres Wissens, Samen des Hasses, der Eifersucht und der Bitterkeit in ihre Herzen gesät. Bis zu einem gewissen Grad kannten diese Geister die Pläne und den Ruf des Herrn Allmächtigen für mein Leben. Allen diesen Menschen sei an dieser Stelle vergeben.

Es sind die gleichen Geister die durch „menschliche Agenten" das Leben vieler Christen blockieren, um geistliches Wachstum und Veränderungen zu verhindern. Doch nicht nur die der Christenheit, die ganze Welt liegt in Finsternis. Gewalt, Angst und Armut steigen rapide an. Herzenskälte und Verrohung nehmen immer mehr zu, dagegen sinkt der Wert eines Menschenlebens immer weiter ab. Wir leben in einer Zeitepoche die uns von Jesus prophezeit wurde. Auch warnte er uns, dass in vielen die Liebe erkalten würde (Matthäus 24,12).

Millionen von Menschen ahnen nicht, dass sie just in diesem Moment von Satan im Geiste zur Schlachtbank geführt werden. Sein Ziel ist es nach ihrem Ableben, ihre Seelen einem ewigen Höllenfeuer zu übergeben. Da sie nicht von ihrem gottlosen Weg umkehren (Buße tun wollen), und ihm durch ihre eigene Ignoranz und ihrem Unglauben die Autorisierung dafür gegeben haben, steht es nicht gut um ihr seelisches Heil. Das Welt und Wertesystem indem wir leben, ist ein gottloses System, dass dazu bestimmt ist Gottes Volk zu verderben, sie ihres Erbes zu berauben und sie vom Weg Gottes abzubringen. Der heutige Leib Christi ist mit diesen Dingen komplett überfordert. Einigen ist es auch einfach egal, -hauptsache der Gottesdienst war wieder nett und nicht zu lang. Kaffee und Kuchen sollten danach schön heiß und süß sein. Solange es keine größeren Herausforderungen gibt bleibt die Devise abwarten und Kaffee trinken. Die Navigationsrute wird dabei auf Paradies eingestellt und alles ist gut.

Das es sich hierbei um eine Kampfstrategie des Feindes handelt, ist vielen dabei nicht bewusst. Traditionen und Unwissenheit sind zu Fesseln geworden. Sie haben viele in den Kirchen und Gemeinden festgebunden. Jesaja drückt es folgendermaßen aus:

Darum wird mein Volk gefangen wegziehen aus Mangel an Erkenntnis. Seine Vornehmen sind Hungerleider, und seine lärmende Menge ist ausgedörrt vor Durst. **Jesaja 5,13**

Satan ist sich der Macht der Gottes Kinder sehr wohl bewusst, nur leider haben die Kinder Gottes kaum einen Schimmer davon, welche Machtstellung sie tatsächlich im Geiste und somit auch auf dieser Erde besetzten. Schlummer und Ignoranz haben den Leib Christi ergriffen. Deshalb versucht der Widersacher der ganzen Menschheit alles in seiner geklauten Macht zu tun, um das Geschenk, dass der Herr seinen Kindern am Kreuz gemacht hat zu zerstören. Viele Christen wissen nicht, dass sie trotz ihres reichen Erbes beraubt werden.

Ihnen ist nicht klar, dass Satan das Anrecht hat Bündnisse mit ihnen zu schließen. In ihrer eignen Ignoranz und Unwissenheit gehen sie unbewusst Knebelverträge mit dem Verwüster ein. Weil sie ihre Rechte nicht kennen wissen sie nicht, dass der Teufel Kraft des heiligen Blutes Jesu und **„dessen Einsatz durch die Kinder Gottes"** nicht berechtigt ist, seine Verträge weiter aufrecht zu erhalten.

Die Aufrechterhaltung dieser Bündnisse ist illegal und rechtswidrig! Doch wie es bei Kriminellen eben so üblich ist, begehen sie ihre Straftaten dennoch ... wenn man sie nicht aufhält! Satan nutzt diese Tatsache gnadenlos für sich aus. Denn ohne unsere Zustimmung geht es nicht. Er braucht sie, um uns schaden zu dürfen. Diese eilends benötigte Einwilligungserklärung um Mühsal in unserem Leben säen zu dürfen, erhält er von uns durch Übertretung der Gebote Gottes!

Satan kennt die Gesetze Gottes besser als jeder Christ, auch wenn ihm aufgrund des ihm fehlenden Heiligen Geistes der tiefere Sinn der Schrift verschlossen bleibt. Dennoch kennt er sie gut genug, um sie gegen uns einzusetzen. Genau das gleiche tat er als er unseren Herrn in der Wüste versuchte (Matthäus 4, 1-11), allerdings ohne Erfolg. Er weiß ganz genau das er Mitgestaltungsrechte an unserem Leben erwirbt, wenn wir ihm nachgeben und in Folge dessen die Gebote Gottes brechen.

Das Lechzen nach den Konsequenzen die einen sündigen Menschen ereilen, liegt in seiner bösen Natur. Die folgenden Verse machen sehr klar und deutlich, dass Gott Sünde und Ungehorsam nicht duldet und diese ahnen wird:

*Und wenn ihr euch dadurch nicht von mir zurechtweisen lasst und euch mir entgegenstellt (in eine feindliche Begegnung mit mir begebt), dann werde ich meinerseits mich euch entgegenstellen (mich in eine feindliche Begegnung mit euch bzw. ihnen begeben), und ich meinerseits werde euch schlagen, und zwar siebenfach wegen eurer Sünden. Und ich werde das Schwert über euch bringen, das die Rache des Bundes vollzieht. Und zieht ihr euch in eure Städte zurück, dann werde ich die Pest in eure Mitte senden, **und ihr werdet in die Hand des Feindes gegeben werden.** 3. Mose 26, 23-25*

Der Teufel weiß genau das Gott seine eigenen Gesetzte für nichts und niemanden brechen wird. Und obwohl die Opfergabe Jesu bereits unwiderruflich dadurch vollbracht ist, dass Jesus den Tod, die Sünde und den Teufel ein für alle Mal besiegt hat, befinden wir uns mitten in einem tobenden Krieg! Ein geistlicher Krieg den wir mit unseren physischen Augen nicht sehen, gleichwohl findet er direkt vor unserer Nase im Verborgenen statt (Epheser 6,12). Der Feind liebt es uns in Blindheit zu halten, denn er will uns auf unserem Glaubensweg irreführen, entmutigen, in Stress halten und verängstigen. Wenn er es schon nicht geschafft hat unsere Bekehrung zu verhindern, so versucht er doch auf Plan B umzusteigen, indem er verschiedene Taktiken anwendet, um unseren Glauben zu zerstören. Ihm ist vollkommen bewusst das der Mensch seit seinem Sündenfall Nährböden von Stolz, Angst und Lust in sich trägt. So muss er diese nur richtig bearbeiten in dem er die entsprechenden Samen streut, um danach durch das schwache Fleisch des Menschen reiche Ernte einfahren zu können. Dazu gehören u.a. die Verführung zur Sünde oder die Aufrechterhaltung von Unvergeben und Bitterkeit. In den meisten Fällen schafft er es auch ganz einfach durch Ablenkung jeder Art.

Er wird in deinem Glaubensleben sowie auch in alltäglichen Situationen gnadenlos deine Gedanken und Emotionen dazu nutzen dich anzugreifen. Wenn du dich diesem willentlich oder aber auch unbewusst dafür öffnest, dich nicht schützt erwirbt er das Recht Bereiche deines Lebens als Festung zu besetzen. Das kann sehr ungemütlich werden und zeigt sich durch verschiedene Schwierigkeiten, Krankheiten, und Glaubenskrisen.

Zudem ist er ein Rechtsexperte und Spezialist was das Übertreten der Gebote Gottes betrifft, denn er weiß genau wann er sich auf legalem Grund befindet und wann nicht. Er ist wie kein anderer vertraut mit der Rechtsgrundlage sowie mit den Gesetzen und Ordnungen Gottes. Er weiß sie klar für sich zu nutzen. Seine Anrechte basieren aufgrund von Verträgen und Bündnissen, nur hast du das noch nicht erkannt!

So wie der Herr das Rote Meer teilte, (denn er ist ein bahnbrechender Gott!) so hat er auch durch seinen Sohn Jesus Christus einen Weg geschaffen uns vom Teufel und seinen bösen Verträgen loszulösen. Ähnlich wie es bei einem Kaufvertrag der Fall ist gibt uns der **Gesetzgeber** die Möglichkeit diese Vereinbarung zu wiederufen und davon zurückzutreten. Unser Geschäftspartner erfährt allerdings nur durch den Widerruf indem wir ihn von unserer Entscheidung **in Kenntnis setzen**. Bei einem Kaufvertrag im Natürlichen geschieht dies in der Regel in schriftlicher Form. Bei Bündnissen im Geistlichen müssen Widerruf und Kündigung mündlich bezeugt werden! Die einzelnen Glieder im Leib Christi sind aufgerufen zu erkennen, dass sie unbewusst Tauschgeschäfte und faule Kompromisse mit dem Feind eingehen.

Anrechte verschwinden nicht einfach über Nacht, so hatte der Teufel selbst auf den Leichnam Mose Besitzrechte angemeldet (Judas 1,9).

In der Regel gebraucht er dazu die Gesetzgebung Gottes. Diese sind die Gebote Gottes owie die umfassende Heilige Schrift. Deshalb musst auch du lernen die Gebote und die Gesetze Gottes im gleichen Maße für dich zu nutzen!

es sind nämlich nicht die Hörer des Gesetzes gerecht vor Gott, sondern die Täter des Gesetzes werden gerechtfertigt werden.
Römer 2, 13

!! Wichtiger Hinweis!!

Dieses Buch ist in erster Linie für Christen geschrieben. Du musst ein Kind Gottes sein und über die Vollmacht und Autorität Jesus Christus verfügen, um die Informationen aus diesem Buch aufnehmen und verwenden zu können. Ohne den Geist Gottes wirst du nichts von alledem verstehen. Falls du noch kein wiedergeborenes Kind Gottes bist, es aber werden möchtest, verweise ich dich an dieser Stelle an das folgende Übergabegebet im 2. Teil diesen Kapitels. Auch für alle Christen muss hier gesagt werden, dass Satan und seinen Dämonen keineswegs wollen, dass du dieses Buch liest. Ein Großteil der Christenheit schläft noch und das passt ihm auch ganz gut, denn wenn es nach ihm ginge soll keiner der Nachfolger Jesu Wissen über seine Machenschaften, üblen Vorgehensweisen und Taktiken erlangen. Denn sonst würden sich die Kinder Gottes vermehrt gegen ihn erheben, um ihr Erbe einzufordern das Jesus ihnen durch das Kreuz vermacht hat. Und das wiederum würde in Satans Reich nur für unnötigen Stress sorgen. Solch eine Erhebung der Kinder Gottes gegen ihre Feinde gab es in der Vergangenheit immer wieder. Deshalb steht auch in der Schrift geschrieben:

Da fürchteten sich die Philister und sagten:
Gott ist ins Lager gekommen! Und sie
sagten: Wehe uns! Denn solches ist bisher
*noch nie geschehen. **1. Samuel 4,7***

Diese Tatsachen sind unabhängig davon, ob du an die Themen die in diesem Buch erläutert werden glaubst oder nicht. Ganz besonders ist dies der Fall, wenn du die dargebrachten Informationen für dein persönliches Leben annehmen kannst. Wenn sie für dich eine Realität darstellen, kannst du mit Gewissheit davon ausgehen, dass Satan um so mehr versuchen wird dich davon abzuhalten sie umzusetzen. Das schafft er häufig indem er Denkblockaden, Ablenkungen und Hindernisse kreiert.

Um so viel wie möglich aus den dargebrachten Informationen profitieren zu können und um es bis zum Abschluss dieser Ausbildung zu schaffen, empfehle ich das folgende Gebet aus dem Herzen zu beten. Damit erbitten wir einen geistlichen Schutzkreis gegen die feindliche Armee.

Gebet Bitte um Abschirmung und Schutz

Himmlischer Vater,

im Namen deines Sohnes Jesus Christus, stelle ich mich jetzt unter deinen mächtigen Schutz. Herr, bitte umhülle und tränke mich mit dem heiligen Blut Jesu. Bitte beschütze mich vor jeglicher Art der Verunreinigung und Gedankenkontrolle seitens des Feindes.

Herr, auf dich ruht mein Heil und meine Ehre; der Fels meines Schutzes, meine Zuflucht bist du (Psalm 62,8), dein heiliges Feuer soll mich umzingeln, denn es steht geschrieben:

*Und ich selbst werde ihm ringsherum eine feurige Mauer sein, spricht der HERR, und ich werde zur Herrlichkeit in seiner Mitte sein. **Sacharja 2,9***

Deine heiligen Engel stelle mir an meine Seite, damit alles Übel das meinen Wachstum in Jesus Christus verhindern will gebannt, gebrochen, gebunden, zerschlagen und vernichtet wird. Herr, bitte lehre mich mein Erbe das du mir am Kreuze von Golgatha geschenkt hast im vollen Maße in Anspruch zunehmen.

Herr, bitte lasse es nicht zu, dass ich während der Ausbildung zum geistlichen Kämpfer abgelenkt werde, oder ermüde. Es ist der Widersacher der verhindert will, dass du mich zu einem starken Soldaten für dein Königreich aufstellst, doch ich, ich will allezeit deine Herrlichkeit verkünden:

*Ich werde dich preisen in der großen Versammlung, unter zahlreichem Volk dich loben. **Psalm 35,1***

Im Namen deines Sohnes Jesus Christus, bitte ich dich, mich mit deinem heiligen Blut zu reinigen. Alles was in mir nicht nach dir aussieht, soll jetzt unter deinem heiligen Blut verdorren und auf ewig vergehen.

Herr, bitte führe mich aus aller Unordnung, Verwirrung und Hoffnungslosigkeit heraus, und führe mich an den Ort, bei dem der Feind mich hat glauben lassen, dass er nicht existiert. Den Ort den **DU HERR JESUS CHRISTUS** für mich schon vor Grundlegung der Welt an, bestimmt hast (Epheser 1, 4-5+11).

Herr, bitte öffne mir meinen Geist und erfülle mich mit dem Heiligen Geist, so dass ich diese Informationen aufnehme, um sie nach deinem Willen umzusetzen.

Herr bitte schenke mir einen klaren Verstand, auf dass ich deine Gesetzte verstehe und lerne nach ihnen zu leben.

Nach deinen Plänen möge geschehen, damit du verherrlicht wirst in allem das ich tue.

Bitte schenke mir, die Gabe der Geisterunterscheidung, so dass ich mit einem wachen Geist alles prüfe und das Gute behalte.

Herr, ich danke dir und bitte dich im Namen deines wunderbaren und mächtigen Sohnes Jesus Christus aus Nazareth. **Amen**

Prüft aber alles, das Gute haltet fest!
1. Thessalonicher 5,21

Die Übergabe

Ich möchte nochmals daran erinnern, dass du Teil des Königreich Gottes sein musst, um dauerhaft von der Kraft Gottes profitieren zu können. Denn jede Festung sowie auch jeder Fluch im Leben eines Menschen kann und wird nur durch die delegierte Autorität und im Namen Jesus Christus gebrochen werden! Du musst also von Neuem wiedergeboren sein, denn es steht geschrieben:

> *Wenn jemand nicht von neuem geboren wird, kann er das Reich Gottes nicht sehen.*
> **Johannes 3,3**

und:

> *Jeder, der den Namen des Herrn anrufen wird, wird gerettet werden.* **Römer 10, 13**

Falls du dich noch nicht unserem Herrn Jesus Christus übergeben hast, jedoch ein wiedergeborenes Kind Gottes werden möchtest, empfehle ich dir das folgende Übergabegebet.

Bezeuge vor der sichtbaren sowie vor der unsichtbaren Welt den Herrschaftswechsel der bereits in deinem Innern stattgefunden hat. Lass es nicht zu das der Feind durch Ablenkung oder Einschüchterung (je nachdem was am besten bei dir funktioniert), dich jetzt oder auch in Zukunft davon abhält, Jesus Christus wirklich kennenzulernen. Die Gnadenzeit läuft aus, die Arche schließt sich langsam (Lukas 17, 26-27). Nun ist es an dir dich zu entscheiden wem DU dienen willst.

Wenn du dein Leben Jesus übergibst, bedeutet es Satans Verlust über die Kontrolle deines Lebens. Leider ist seine Mission so viele Seelen wie nur möglich in die Hölle zu bringen. Doch wenn du Jesus Christus dein Leben übergibst, so wirst du frei sein und als sein Kind **ALLE seine - Verheißungen empfangen!**

Gebet zur Übergabe an den Herrn
Jesus Christus

Jesus Christus,

ich glaube daran, dass du der Sohn Gottes bist.

Ich glaube daran, dass du für meine Sünden gestorben bist.

Ich glaube auch daran, dass du von den Toten wieder auferstanden bist, weil der Tod die Sünde und der Teufel nichts in dir haben.

Ich glaube daran, dass du gekommen bist, um mir Leben im Überfluss zu schenken.

Ich bekenne dir alle meine Sünden (zähle alles auf, was dir einfällt): .... , ... , ... , ...

Jesus Christus, bitte vergebe mir alle meine Schuld und meine Sünden, die ich gegen dich begangen habe. Ich glaube daran, dass ich deine Vergebung JETZT empfange.

Im Namen Jesus Christus, vergebe ich allen Menschen, die mir Schaden zugefügt haben, oder mich ungerecht behandelt haben.

Ich vergebe Ihnen genauso wie ich möchte, dass du mir vergibst.

Ich vergebe _____, _____, _____, (Namen einsetzen).

Vater im Himmel, ich danke dir, dass du mich jetzt durch das Blut von Jesus reingewaschen siehst und mich als dein Kind angenommen hast.

Jesus Christus, ich bitte dich mir heute deinen Heiligen Geist zu geben.

Ich bitte dich, dass du mich durch deinen Heiligen Geist lehrst, ein Leben zu leben, dass sich dir unterwirft und vertraut.

Helfe mir durch deinen Heiligen Geist, ein Leben zu leben, dass dich zufrieden stellt. Jesus Christus, bitte offenbare dich persönlich in meinem Leben.

Von diesen heutigen Tag an widerrufe und und sage ich mich los von Satan und seinen Plänen für mein Leben.

Ich bin nicht mehr länger ein Mitglied des Königreichs der Finsternis!

Ich bin jetzt ein Kind Gottes im Königreich Jesus Christus, den einzig wahren und lebendigen Gottes.

Ich glaube daran, dass ich ab dem heutigen Tag ein neues Leben in dir habe.

Danke, dass ich jetzt Miterbe deiner Herrlichkeit , in Jesus Christus bin.

In Jesu Namen Amen!

Herzlichen Glückwunsch! Du bist nun ein Kind Gottes. Im Himmel freuen sich die Engel und feiern deine Bekehrung zum Gotteskind (Lukas 15,7)! Nehme dir von nun an die Zeit und lerne deinen Schöpfer persönlich kennen. Lerne, seine Stimme von anderen zu unterscheiden (Johannes 10,27). Bete regelmäßig mit allen deinen Anliegen zu ihm und vertraue ihm die Führung für dein Leben an. Entscheide dich das ganze Wort Gottes als Wahrheit anzunehmen und studiere regelmäßig in der Heiligen Schrift, denn in diesem Krieg ist sie deine wichtigste Waffe!

Lege täglich deine Waffenrüstung an (Epheser 6,11), denn der Feind wird alles daran setzen dich wieder zurückzuholen, genau wie er es auch bei den Kindern Israels nach dem Auszug aus Ägypten versuchte (2. Mose 14). Wenn es dir wirklich, wirklich ernst ist, eine **lebendige** Beziehung unter Befolgung der Gebote und Ordnungen Gottes zu leben, dann wird es dem Feind deiner Seele nicht gelingen, dich weiterhin zu täuschen. Warte jetzt auf weitere Anweisung vom Herrn. Vermeide es dir vorschnell deinen Glaubensweg von anderen Menschen vorschreiben zu lassen.

Halte stets Rücksprache mit deinem Gott, denn er wird seine ganz eigenen Pläne mit dir haben (Lukas 8, 38-39)! Preise und Danke dem Herrn, dass dein Name im Himmel eingeschrieben ist (Lukas 10,20)!

Denn euch gilt die Verheißung und euren Kindern und allen, die in der Ferne sind, so viele der Herr, unser Gott, hinzurufen wird.
Apostelgeschichte 2, 39

Kapitel 2

Einweisung in die Grundausbildung der geistlichen Kriegsführung

Was ist geistliche Kriegsführung?

Wie schon erwähnt, tobt vor unseren verborgenen Augen ein unsichtbarer Krieg zwischen der Armee Gottes und der Armee von Satan und seinen Dämonen. Ein kosmischer Krieg zwischen gut und böse. Gott gegen Satan sowie zwischen dem Leib Christi und dem jetzigen Weltsystem. Ein Weltsystem das von unserem geistlichen Feind beherrscht wird. Satan ist ein geschaffenes Wesen und Gott nicht ebenbürtig. Er hat nicht die gleichen Attribute wie der Herr Allmächtige. Jedoch ist der Feind weitaus mächtiger, als wir es ohne Jesus Christus sind. Viele Gläubige verwechseln die geistliche Kriegsführung mit der Anfechtung ihres Glaubens. Dabei handelt es sich hierbei um zwei völlig verschiedene Dinge, die nicht miteinander zu vergleichen sind. In der Anfechtung versucht der Feind uns durch feurige Geschosse von beispielsweise Entmutigung oder Zweifel mürbe zu machen.

Diesen Geschossen Stand zuhalten ist keine geistliche Kriegsführung! Erst wenn wir anfangen uns bewusst mit den Gott gegebenen Waffen zu wehren und sogar Festungen des Feindes angreifen, befinden wir uns tatsächlich im geistlichen Kampf.

Geistliche Kriegsführung bedeutet:

- Mit dem Herrn in einer lebendigen Beziehung zu stehen (bzw. in einer fließenden Kommunikation und im regelmäßigen Austausch mit ihm zu sein)
- Gemeinsam mit Gott eine effektive und persönliche Kampfstrategie zu planen
- Über ein regelmäßiges Gebetsleben zu verfügen (tägliches Beten!)
- Das heilige Wort Gottes ausschließlich geistlich zu verstehen
- Lernen geistliche Gesetze zu respektieren
- geistliche Wachsamkeit, um sich nicht mehr vom Feind beklauen zu lassen
- Den Verführungen und Einflüsterungen Satans zu widerstehen, in dem man das Wort und das Blut Gottes dagegen einsetzt
- Die Ziele und Vorgehensweisen des Feindes zu studieren, um diese zu blockieren und abzuschmettern
- Sich selbst und die eigenen Verhaltensweisen zu beobachten, um den Feind keinen Eintritt zu verschaffen
- Lernen, sich im geistlichen Raum zu bewegen
- Alle Türen zu verschließen, die Satan legale Rechte geben um in deinem Leben zu wirken

- Gegen den Geist der Ignoranz, des Schlummers und der geistlichen Trägheit vorzugehen, um diese zu eliminieren
- täglich sein Fleisch zu bezwingen
- Seine Waffenrüstung täglich anzulegen (dies geschieht durch Verbalisierung und Vorstellubgskraft)
- Seine Waffen zu kennen und diese zu benutzen (täglicher Einsatz!)
- Sich dämonischer Anwesenheit und Einflüssen im Alltag bewusst zu werden (Die konstante Beachtung von Epheser 6,12)
- Jeden bösen Gedanken abzuweisen und zu binden (Helm des Heils)
- Immer ehrlich zu sich selbst und anderen zu sein, dies bedeutet auch die Vermeidung von Selbsttäuschungen (Gürtel der Wahrheit)
- Die Bereitschaft jederzeit bereitwillig und mutig das Evangelium weiter zu geben, bzw. zu evangelisieren (Schuhe des Friedens)
- Das Wort Gottes regelmäßig zu studieren und es als Waffe zu beherrschen und einzusetzen (Schwert des Geistes)
- Gott nicht zu bezweifeln, sondern alle Zeit zu glauben und ihm zu vertrauen (Schild des Glaubens)!

Satan und seine Armee haben es sich zur Aufgabe gemacht, unser Leben zu unterdrücken und wenn möglich uns vom Glauben an Jesus Christus und der Errettung durch sein heiliges Blut, abzubringen. Das Blut Jesu bedeutet sein Ende. So löst jeder Einsatz des kostbaren Blut jesu in ihm einen Schlaganfall aus. Wann immer wir den Namen Jesus anrufen, explodiert eine Bombe in Satans Königreich. Wir sind also in der Lage, ernsthafte Schäden in seinem Reich anzurichten. Das ist einer der Gründe weshalb er alles daran setzt, dich und auch mich von dieser unbesiegbaren Waffe **„Jesus Christus"** zu trennen. In der Regel ist seine Strategie uns unentdeckt und schleichend für seine Zwecke einzunehmen, zu missbrauchen und zu zerstören. Die Schäden werden meist erst dann bemerkt wenn es zu spät ist.

An diesem Punkt beginnt unser persönlicher Kampf, ein Kampf das jedes Kind Gottes betrifft. Ein Gefecht zwischen dem Heiligen Geist und der Lust unseres Fleisches (Galater 5,17). Nur weil wir den geistlichen Raum mit unseren physischen Augen nicht sehen können, bedeutet es nicht, dass er nicht existiert. Viele Gläubige und so auch Ungläubige möchten sich nicht mit einer Welt auseinandersetzen, die für sie nicht sichtbar ist. Ist es doch schon schwer genug mit dem Sichtbaren klarzukommen. Dennoch kennen wir alle den allseits berühmten und oft zitierten Vers aus **Epheser 6,12**:

Denn unser Kampf ist nicht gegen Fleisch und Blut, sondern gegen die Gewalten, gegen die Mächte, gegen die Weltbeherrscher dieser Finsternis, gegen die geistigen Mächte der Bosheit in der Himmelswelt.

Wenn wir diesen Vers lesen dann, sollte das Erste das uns auffällt sein, dass diese Erde kein sicherer Ort für uns ist! Im Gegenteil ohne Jesus ist diese Erde ganz und gar nicht sicher! Wer Epheser 6,12 Wort für Wort ernst nimmt, dem sollte klar sein, (und hierbei male ich nicht den Teufel an die Wand, sondern erinnere an seine Existenz!) dass diese Welt voller Dämonen ist! Wir hören dort etwas von Gewalten, Mächten, Finsternis und Bosheit, dazu kommt noch, dass wir diese Gegner nicht sehen ...

Dabei beginnt der Kampf für jeden einzelnen Menschen schon direkt nach der Geburt und noch vor dem ersten Klaps auf den Hintern, befinden wir uns mitten im Krieg!

Wie nun also kämpfen?

Ehe wir bewusst in den geistlichen Kampf eintreten können, müssen wir vorab ein Bewusstsein über den geistlichen Raum erlangen und dessen Ordnungen und Prinzipien kennenlernen und verstehen. Diese finden wir in den Gesetzen Gottes bzw. in der vollständigen heiligen Schrift (dieses umfasst das Neue genauso wie auch das Alte Testament!). Wenn es um den Kampf gegen die finsteren Mächte geht, haben die meisten von uns die Eigenschaft eines zweijährigen Kindes das sich die Augen zuhält, sich eine Decke über den Kopf zieht und dabei glaubt, nur weil es nichts sehen kann, wird es auch nicht gesehen. Das Gleiche gilt für die Mehrheit der heutigen Christen, nur weil der geistliche Raum für sie nicht sichtbar oder begreifbar ist, missfolgen sie dem Rat Petrus den er uns in **Epheser 6, 11+13** gibt:

Zieht die ganze Waffenrüstung Gottes an, damit ihr gegen die Listen des Teufels bestehen könnt! Deshalb ergreift die ganze Waffenrüstung Gottes, damit ihr an dem bösen Tag widerstehen und, wenn ihr alles ausgerichtet habt, stehen bleiben könnt!

Gott ist Geist und so auch sein Königreich. Wenn wir uns allerdings entscheiden den geistlichen Krieg zu ignorieren, finden wir uns relativ schnell traurig, frustriert und in unserem Glaubensleben entmutigt wieder. Wir fragen uns weshalb der Heilige Geist nicht stärker in unserem Leben wirkt, oder weshalb wir nicht in dem Frieden Leben den Jesus uns doch versprochen hat (Johannes 14, 26-27).

Aus diesem Grund ist es für einen Christen zwingend notwendig, diesen geistlichen Krieg bewusst zu kämpfen! Unsere beste Verteidigung ist demnach der Angriff. Schulen wir uns in diesem Bereich weiter, ist dies schon die Hälfte des ganzen Kampfes. Der Herr wird uns die andere Hälfte ganz automatisch hinzugeben. Dies kann allerdings nur geschehen, wenn wir mit Gott, eine ganz eigene und individuelle Strategie entwickeln (2. Samuel 5, 23-24). Wenn du willst, dass Satan seine Finger von deiner Bestimmung lässt, musst du dafür kämpfen! Und selbst dann, wird er von Zeiten versuchen deine Wege zu durchkreuzen. Denn genau das gleiche tat er auch bei Paulus in **2. Thessalonicher 2,18** lesen wir:

Deshalb wollten wir zu euch kommen - ich, **Paulus** *-,* **nicht nur einmal, sondern zweimal,** *und der* **Satan hat uns gehindert.**

Woher also die Anmaßung vieler Gläubiger, Satan würde nicht auch an sie herantreten, um ihnen das Leben zu erschweren? Doch viele Christen wollen diesen Kampf nicht kämpfen, obwohl es einigen teilweise sehr schlecht geht. Sie haben mit Ängsten, Depressionen, Krankheit und Armut und vielen anderen Dingen zu **„kämpfen"**. Die Gründe weshalb sie den Kampf jedoch **„nicht bewusst kämpfen"** wollen, sind sehr unterschiedlich:

- Einer meint er bräuchte es schlicht und einfach nicht, da er sich ausschließlich an der Bibel orientiert. Das mag erst einmal ein guter Ansatz sein. Ein solcher Christ missachtet jedoch (Johannes 5,39 ; 6,63), denn nur der Geist macht lebendig und nicht die Schrift allein! Weiter stellt sich die Frage wenn der geistliche Kampf unnötig ist, weshalb hat dann Jeder Tag an seinem Übel genug? (Matthäus 6,34)

- Sie seien durch Jesu Wunden geheilt (Jesaja 53, 4-5), warum dann also noch um Gesundheit beten? Sie hoffen, dass sich ihre Gesundheit eines Tages irgendwann einmal in ganz ferner Zukunft möglicherweise einstellt..

- Sie seien sich selbst gestorben, von daher könne der Feind ihnen nichts (Römer 6,7). Auch dieser Glaubenssatz scheint meiner Meinung nach sehr rechtschaffend und fromm. Doch kaum kommt ihnen jemand krumm, stehen sie schneller im Fleisch, als das man gucken kann. Sie vergessen dabei, dass ein Toter doch gar nicht gestört werden kann ...

- Sie seien eine neue Schöpfung, den das Alte sei vergangen (2. Korinther 5,17) usw., usw.

Es gibt also viele Gründe, weshalb viele Christen den geistlichen Kampf nicht kämpfen wollen. Sie beziehen sich dabei u.a. auf die angeführten Bibelverse. Ihre Begründungen scheinen für das oberflächliche Auge soweit erst einmal ganz plausibel. Doch wenn wir uns recht erinnern ist es doch so, dass auch Satan die heilige Schrift recht gut für sich zu nutzen weiß, denn schließlich zitierte er sie als er Jesus in der Wüste versuchte (Matthäus 4, 1-11). Satans Taktik ist dabei die Christenheit durch Unwissenheit (Hosea 4,6), Faulheit, Ignoranz, und Selbstgerechtigkeit dazu zubekommen, dass Schlachtfeld erst gar nicht mit der ihnen von Jesus gegebenen Macht und Autorität zu betreten.. Dabei wird 1. Petrus 5,8 von solchen Gläubigen völlig Außeracht gelassen!

Dem Reich der Himmel wird ernsthaft Gewalt angetan, und Gewalttuende reißen es an sich (Matthäus 11,12). Dieser Vers bedeutet, dass wir uns das Reich Gottes mit den von Gott gegebenen Mitteln an uns reißen müssen!

Stellen wir uns einfach mal die folgenden Fragen: Wenn jemand Eigentum Christi ist, weshalb braucht er dann noch eine Waffenrüstung? Und warum sollen wir dann noch für den Glauben kämpfen? (Judas 3), reicht das Blut Jesu denn nicht aus?!

Die Antwort darauf ist: Das Blut Jesu hat uns nicht nur unsere Errettung erkauft, sondern es stellt uns zudem auch den benötigten Schutz zur Verfügung, um in diesem gottlosen Weltsystem den Alltag meistern zu können. Das heilige Blut unseres Erlösers reicht zur Vollkommenheit aus, es ist perfekt und dem ist NICHTS mehr hinzuzufügen! Die vollendete Opfergabe an unseren Vater im Himmel. Aufgrund der unendlichen Gnade Gottes, sind wir im Besitz seines kostbaren Blutes zzgl. der Waffenrüstung Gottes. Nun gilt es diese Waffen auch zu benutzen, damit wir gegen die Listen des Teufels bestehen können (Epheser 6,11)! Satan existiert nun mal, und er wird sich in absehbarer Zeit auch nicht in Luft auflösen. Der Herr benutzt den Feind für seinen ganz eigenen Plan und wandelt die Bösartigkeit des Widersachers, zu unserem Guten. Vergleichbar mit der Entstehung eines wunderbaren Kunstwerks. Wir sind die Leinwand, Satan der Pinsel, der Heilige Geist die Farben und Gott ist der Künstler.

Eine weitere Frage die von vielen Geschwistern gestellt wird ist, weshalb Flüche brechen wenn Christus uns doch losgekauft hat vom Fluch des Gesetzes? (Galater 3,13). Christus wurde für uns zum Fluch. Dies bedeutet er nahm den Fluch, der uns wegen unserer Sünden und unseres Ungehorsams zustand, auf sich. Dies tat er, damit wir durch den Glauben an ihm **Zugang** zu dem Segen bekommen würden, der ihm wegen seines sündlosen Gehorsams zustand (Jesaja 53,5).

Ein Fluch zeigt uns immer an, dass irgendetwas in unserem Leben, sowie in unseren Gedanken, Glaubenssätzen, Gewohnheiten und Lebensweise nicht in Ordnung ist. Ein Fluch ist zudem der Indikator, dass der Versorgungsfluss zum Herrn beeinträchtigt ist. Ein solcher Christ lebt meist in unbewusster, noch nicht bekannter oder in sich wiederholender Sünde! Die Verbindung zwischen Weinstock und Rebe (Johannes 15, 4-5) ist in ihrer ursprünglichen Weise blockiert oder unterbrochen. Eine Störung die sich durch Krankheit, Depression, Armut, Scheidung, Einsamkeit, Ehelosigkeit, Kinderlosigkeit, Arbeitslosigkeit usw. widerspiegelt. Viele Gläubige leben genau in solchen Umständen und sollten sich auf der Grundlage von 5, Mose 28 fragen, ob es sich dabei etwa um keine Flüche handelt? Der Herr hat uns, sowie auch unsere Vorfahren ganz klar vor die Wahl gestellt.

In **5. Mose 11, 26-29** lesen wir:

> *Siehe, ich lege euch heute Segen und Fluch vor: den Segen, wenn ihr den Geboten des HERRN, eures Gottes, gehorcht, die ich euch heute gebiete, und den Fluch, wenn ihr den Geboten des HERRN, eures Gottes, nicht gehorcht und von dem Weg, den ich euch heute gebiete, abweicht, um andern Göttern nachzulaufen, die ihr nicht kennt. Und es soll geschehen, wenn der HERR, dein Gott, dich in das Land bringt, in das du kommst, um es in Besitz zu nehmen, dann sollst du den Segen auf dem Berg Garizim erteilen und den Fluch auf dem Berg Ebal.*

Die Ursache eines Fluches ist **immer** die Sünde (s. auch 5. Mose 28, 15-69!). Ebenso verhält es sich in der geistlichen Welt. Im geistlichen Raum entstehen je nach unserem Wirken und unserem Zutun (Matthäus 16,19), verschiedene Layouts und Skizzen für die Dinge, die in der Vorbereitung stehen sich im Natürlichen zu manifestieren. Zu sündigen setzt im Geistlichen zerstörerische Kräfte in Bewegung, die sich manches mal erst Jahre später in unserem Leben manifestieren. Diese Manifestationen dürfen wir als Fluch bezeichnen. Demzufolge geht einem Fluch immer eine Sünde voraus. Dabei kann es sich um unsere eigenen Gesetzesübertretungen handeln, aber auch um die von anderen (z.B. unseren Vorfahren). Leben wir aber gerecht abgesondert, was nichts anderes als „heilig" bedeutet, wird Gott auch keine Flüche in unserem Leben zulassen. Denn es geschrieben:

*Wie soll ich verfluchen, **wen Gott nicht verflucht**, und wie verwünschen, **wen der HERR nicht verwünscht hat?** Denn vom Gipfel der Felsen sehe ich es, und von den Höhen herab schaue ich es; siehe, **ein Volk, das abgesondert wohnt und sich nicht zu den Nationen rechnet. 4. Mose 23, 8-9***

Flüche können nur über vier Wege Zugang in unser Leben finden:

1. Durch eigens verübte Sünden (Rebellion, Ungehorsam und Ignoranz gegenüber Gott)

2. Durch Sünden der Vorfahren (Generationskreisläufe)

3. Durch Menschen, die uns nicht wohl gesonnen sind (z.b. Hexen, Zauberer, Magier)

4. Durch Selbstverfluchungen aufgrund unachtsam gemachter Selbstbezeugungen

Denn von nichts kommt nichts, so lesen wir in Sprüche 26,2:

*Wie der Sperling hin und her flattert, wie die Schwalbe wegfliegt, so ein unverdienter Fluch: **er trifft nicht ein**.*

König David war ganz klar bewusst, dass alles Übel das ihm begegnete mit seinen eignen Sünden in Verbindung stand. In Psalm 40,13 lesen wir:

*Denn **Übel bis zur Unzahl** haben **mich umgeben, meine Sünden haben mich erreicht, dass ich nicht aufzublicken vermag**; zahlreicher sind sie als die Haare meines Hauptes, und **mein Herz hat mich verlassen**.*

Jesus hat uns nicht verlassen, ganz im Gegenteil er ist für uns gestorben, damit wir errettet werden **und** somit von allen Bündnissen und Flüchen befreit werden können. Es darf also nicht missverstanden werden, dass die Kündigung von alten Bündnissen in irgendeiner Weise in Verbindung mit der Heilserrettung stünde. Sondern es geht darum, in dem Frieden zu leben, der uns von Jesus versprochen wurde (im Königreich auf Erden). Denn ein tatsächlich wiedergeborenes, echtes Kind Gottes kann nichts und niemand von der Liebe Jesu trennen (Römer 8,38)!!

Der Fluch wurde ans Kreuz genagelt und in Segen umwandelt (Galater 3, 13-14). Dies bedeutet nicht, dass alle widrigen und schwierigen Umstände in unserem Leben sich wie so gern von vielen Christen behauptet wird, nun in Luft aufgelöst hätten! Nein, es bedeutet vielmehr, dass wir freigesetzt wurden, um zu entscheiden wem wir dienen wollen! Die Inbesitznahme unserer Segnungen muss nun selbst vorgenommen werden (proklamiert und auch eingefordert werden!).

Ganz ähnlich wie es im Buch Esther beschreiben ist, bei der zunächst ein Gegendekret verfasst werden musste, um den geplanten Genozid an den Juden im persischen Reich abzuwenden.

Der König von Persien Ahasveros erhebt Haman den Sohn des Hammedata in einen sehr hohen Rang und stellt seinen Sitz über alle Fürsten Persiens. Hamans Plan war es die Juden zu töten, weil sich Mordechai (ein Israelit) nicht vor ihm verneigen will. Aus diesem Grund manipuliert er den König von Persien, damit er das verhassten israelitische Volk endlich vernichten kann (Esther 3). Der König Ahasveros stellt ein königliches Dekret aus, dass es Haman gestattet alle Israeliten zu töten. Leider weiß der König nicht, dass seine viel geliebte königliche Gattin Esther, eine Israelitin ist. Er hört also auf Haman und legt fest, dass an einem bestimmten Tag alle Israeliten getötet werden sollen.

Als Mordechai der Onkel von Königin Esther von diesem Gesetz erfährt, ist er entsetzt und schickt Esther eine Nachricht, mit dem Inhalt sie solle dem König alles erzählen und ihn bitten, das israelitische Volk zu retten.

Königin Esther und das gesamte jüdische Volk fasten drei Tage lang. Daraufhin wagt Esther ein lebensgefährliches Manöver, in dem sie sich ohne Audienz dem König naht. Der König lässt sie am leben, viel mehr noch, er unterstützt sie bei der Errettung des jüdischen Volkes. Das erste königliche Dekret das die Tötung aller Israeliten erlaubt (Hier greift das Gesetz Gottes aus Römer 6,23: der Soll der Sünde = Tod, Gott kann diesen Umstand nicht ändern.) kann auch **vom König selbst nicht wieder zurückgenommen werden.**

Esther und Mordechai **mittlerweile mit königlichem Siegel bevollmächtigt** (So wie auch wir Gläubigen eine Vollmacht besitzen, die Vollmacht Jesu s. Lukas 10,19), erlassen deshalb ein **zweites Dekret,** dass es den Juden gestattet an dem festgesetzten Tag des Genozids **sich zu wehren, für ihr Leben zu kämpfen und nun ihrerseits ihre Feinde zu vernichten.** Diese Nachricht sorgt unter den Israeliten für **Freude und Jubel.** Auf Anweisung Mordechais versammeln sich die Juden in allen Städten und töten ihre **Feinde mit dem Schwert** (In unsrem Fall ist es das Wort Gottes! Epheser 6,17). Durch das **zweite Dekret** (Dieses steht hier symbolisch für das Blut Jesu) eingeschüchtert, wagt niemand mehr den Erlass Hamans zu befolgen und sich den Juden entgegenzustellen.

Nun sind auch wir aufgerufen, es dem israelitischen Volk gleichzutun. Wir sind aufgerufen eine Gegenerklärung gegen die Dinge in unserem Leben, die in Feindschaft zu Gott stehen abzugeben. Nur dann werden wir in den Verheißungen Jesu leben zu können! Jesus wurde für uns zum Fluch gemacht, damit wir gesegnet sein können. Das bedeutet nicht wie von vielen Christen angenommen, dass jetzt alle Flüche automatisch aufgehoben sind. Dem ist nicht so, sondern sie müssen gebrochen werden, um sie zu lösen.

Erst auf der neuen Erde, bei der wir gemeinsam mit Gott leben werden, wird es nicht mehr nötig sein Flüche zu brechen, denn im Wort Gottes steht geschrieben:

*Und **keinerlei Fluch** wird mehr sein; und der Thron Gottes und des Lammes wird in ihr sein; und seine Knechte werden ihm dienen, und sie werden sein Angesicht sehen; und sein Name wird an ihren Stirnen sein. Und Nacht wird nicht mehr sein, und sie bedürfen nicht des Lichtes einer Lampe und des Lichtes der Sonne; denn der Herr, Gott, wird über ihnen leuchten, und sie werden herrschen von Ewigkeit zu Ewigkeit.*
Offenbarung 22,3-5

Genau sowenig können wir behaupten das aufgrund dessen, dass Jesus den Fluch für uns getragen hat, ein regelmäßiges Gebetsleben, (das auch das tägliche Gebet mit einschließt), nun hinfällig sei! Es ist einer der größten Lügen Satans auf die so manche Christen reinfallen!

*Wenn ihr in mir bleibt und meine Worte in euch bleiben, so werdet ihr bitten, was ihr wollt, **und es wird euch geschehen.***
Johannes 15,7

Jesus hat uns mit seinem Opfertod ein Testament voller Reichtum und Fülle ausgestellt. Dies tat er, damit wir in seinen Verheißungen leben können und das im Überfluss (Johannes 10,10). Nur wird es von vielen Vermächtnis-Empfängern nicht eingelöst, sie warten noch immer auf eine Verbesserung ihrer Lebensumstände dabei hat uns der Herr doch schon alles nötige dafür im vollen Umfang geschenkt! Jesus ist nicht nur für unsere Sünden gestorben, sondern auch um Armen gute Botschaft zu verkündigen, Gefangenen Freiheit auszurufen und Blinden, dass sie wieder sehen und Zerschlagene in Freiheit hin zusenden (Lukas 4, 18-19). Das Geschenk muss allerdings auch ausgepackt werden. Viele Christen haben Schwierigkeiten damit. Sie laufen aufgeregt durch die Gegend und bezeugen, dass sie immens beschenkt wurden, doch weder öffnen sie das Paket, noch gebrauchen sie den Inhalt. Währen dessen versucht Satan sie heimlich zu bestehlen indem er die Schenkung gegen eine Fälschung austauscht, oder die Beschenkten so zermürbt, dass ihnen die Kraft und die Lust fehlt es auszupacken und zu gebrauchen. Wie traurig diese Tatsache unseren Herrn macht, können wir als seine Kinder nicht nachvollziehen. Dabei hat er uns doch alles gegeben, eingeschlossen sein Leben für unseres..

*Wenn nun der Sohn euch frei machen wird, so werdet ihr **wirklich** frei sein.*
Johannes 8,36

Durch den Bund mit Jesus sind wir erlöst von dem Fluch des Gesetzes und müssen nun den Feind fortjagen, denn freiwillig wird er von unseren Geschenken nicht ablassen, und gehen erst Recht nicht!

Und gebt dem Teufel keinen Raum!
Epheser 4,27

Kapitel 3

Die Beziehung zwischen Christen und Dämonen

Die Beziehung zwischen Christen und Dämonen ist nicht leicht zu definieren. Eine immer wiederkehrende Frage von vielen Christen ist ob ein Kind Gottes von Dämonen besessen werden kann. Dabei gehen die „Meinungen" stark auseinander. Wir werden die Beziehung zwischen Christen und Dämonen auf Grundlage der Bibel untersuchen. Wenden wir uns vorerst der allgemeinen Definition von Besessenheit zu:

Besessenheit: bezeichnet die „Inbesitznahme" eines Lebewesens durch das Handeln des Betroffenen bestimmende, in den Menschen „eingefahrene" Wesen oder übernatürliche Kräfte, die sich in einem ausgeprägten Erregungszustand zeigt. Die Verhaltens- und Bewusstseinsänderung wird in einigen Religionsgemeinschaften und Glaubensrichtungen auf das Eindringen eines Dämons, eines Geistes oder einer Gottheit zurückgeführt. Der Duden bezeichnet besessen als im Volksglauben verwurzelt „von bösen Geistern beherrscht, wahnsinnig" oder allgemeiner als „von etwas völlig beherrscht, erfüllt zu sein[1]."

In der Bibel finden wir ua. folgende Beispiele von Dämonenbesessenheit:

---

[1] Wikipedia Defenition Bessenheit Stand 22.07.2018

- ➢ Die Heilung eines besessenen Geraseners Markus 5, 1-20 (Dieser war besessen durch mehrere **Dämonengruppen** / Legionen).

- ➢ Heilung eines Besessenen Lukas 4, 31-37 (**Geist eines unreinen Dämons**), in Matthäus 8, 28-34 lesen wir, dass es sich bei dieser Begebenheit um zweier Besessener handelt; **(bösartige, gewalttätige Geister)**

- ➢ Heilung eines fallsüchtigen Markus 9, 14-29, Matthäus 17, 14-21 (**Geist der Epilepsie und Stummheit**)

- ➢ Austreibung eines (**Wahrsager Geist**) Apostelgeschichte 16, 16-18

- ➢ Mordversuch an David durch einen (**bösen Geist**) in Sauel, 1. Samuel 19, 9-10

- ➢ Die 7 jüdischen Beschwörer, die Jesus nicht kannten, werden während einer Dämonenaustreibung von einem (**bösen Geist**) übel zugerichtet Apostelgeschichte 19, 13-16

Aus diesen Bibelstellen ist zu entnehmen, das Dämonen verschiedene Eigenschaften mit sich bringen u.a.:

- antisoziale Verhaltensweisen
- Aggressivität und Brutalität
- unbändige Kräfte
- Zufügung von Selbstverletzungen
- sich mit Steinen schlagen und Ritzen
- die Blöße offenbaren bzw. Nacktheit
- schreien, angreifen
- böses Verhalten dulden
- Lügen, aber auch Wahrheiten aussprechen (Wahrsagegeister)
- Gewalttätigkeit und Angriffslust
- Einschüchterung
- Hassrede, Drohungen, sadistisches Verhalten etc.

In Markus 9, 14-29 und Matthäus 17, 14-21, lesen wir von einem Jungen, der sich durch einen stummen Geist nicht mehr kontrollieren konnte, denn er wurde regelmäßige zu Boden, ins Wasser oder ins Feuer gezerrt, schäumte und knirschte mit den Zähnen und wurde starr. Was für eine Diagnose würde dieser Junge heutzutage erhalten? Die eines Dämonen besessenen, oder die eines körperlich und geistig Kranken?

Dabei könnte man fast behaupten, dass die ganze Welt „dämonisiert" ist, denn Dämonen haften sich negativen Emotionen an (Galater 5, 20-21). Sie nähren sich unter anderem von:

- Angst
- Wut
- Scham
- Zorn
- Stolz
- Zweifel
- Hass
- Gewalt
- Schuld usw.

Wer will nun behaupten, er hätte sich noch nie geängstigt oder Gefühle von Scham, Wut oder Zweifel gehabt? Wer einer Taube Brotkrumen zuwirft, muss ganz klar davon ausgehen, dass diese von ihr auch aufgepickt werden, es sei denn sie ist satt. Dämonen hingegen sind nimmer satt (Habakuk 2,5). Sie laben sich an unseren negativen Emotionen, denn diese sind die Türöffner zu ihrer Wohnstätte! Satan will, dass der Mensch sich ausschließlich mit sich selbst beschäftigt, so dass Gott für ihn überflüssig wird.

Um genau das zu erreichen, sät er noch immer die gleichen Lügen, wie er sie im Himmel in jedes Ohr flüsterte. Die Früchte davon kennen wir alle, es sind unsere negativen Emotionen. Die Tugenden Gottes dagegen sind:

- Liebe
- Reinheit
- Gerechtigkeit
- Geduld
- Treue
- Wahrheit
- Freude
- Güte
- Sanftmut
- Friede usw.

Von diesen Dingen wollen Dämonen jedoch nichts wissen.. (Galater 5, 22). Die meisten Menschen mögen die Bezeichnung „Dämonen" nicht. Sie bevorzugen lieber Begriffe wie Wesen, Energien, Meister, Außerirdische usw. sie lehnen den Ausdruck sowie größtenteils auch die Existenz von Dämonen ab. Das ist im Grunde nicht verwunderlich, denn wenn behauptet wird, dass es Dämonen nicht gibt, dann ist die Schlussfolgerung, dass es auch die Hölle nicht geben kann, somit ist Satan nicht echt, sodass auch kein Himmel existiert und erst Recht nicht ein ewig lebendiger Gott. So werden beispielsweise „Krankheiten" die meist dämonischen Ursprungs sind, mit Namen wie Schizophrenie, Depressionen, Halluzinationen, mentale Störungen usw. versehen. Auch spielt die Filmindustrie und ihre Darstellung von Dämonen, dabei eine große Rolle. Sie werden uns als blutrünstig, laut kreischende, sabbernde alles verschlingende Monster dargestellt, was sie je nach Art auch sind. Diese angsteinflößenden Bilder sorgen aber leider dafür, dass sich keiner vorstellen kann, in irgendeiner Weise unter dämonischer Belastung zu stehen. Nicht nur das, auch will sich niemand als „verrückt" bezeichnen lassen. Diese Programmierung durch die Medien soll dafür sorgen, dass ein Mensch der über Dämonen spricht als bekloppt, nicht ganz dicht, schlicht den Boden unter den Füßen verloren hat, abgestempelt wird. Dieser Mensch fühlt sich dann schlecht, und handelt unbewusst nach dem Willen des Teufels, in dem er betreffend dieses Themas, einfach verstummt. Dass diese trickreiche Verschleierung vom Feind der Menschheit eingefädelt wurde, liegt ganz klar auf der Hand.

Welchen Standpunkt vertritt Jesus
bei diesem Thema?

Wir müssen begreifen das wenn wir den Herrn in welcher Lebenslage auch immer um Hilfe bitten, er uns diese unter seinen Bedingungen (diese sind seine Gebote) zur Verfügung stellen wird. Die Tür um Zutritt zu ihm zu erlangen ist Demut (1. Petrus 5,5). In unserer Demut wird er sich zu uns herab beugen und uns die Augen für unsere Lebensweisen, Gewohnheiten und Glaubenssätze öffnen (Psalm 102, 20-21). Er wird uns zeigen, wie er uns sieht, und lehren die Dinge genauso zu sehen, wie **er** sie sieht. So das wir unsere Gedanken und Taten mit den **seinen**, in Gleichklang bringen. Sein Wort ist Wahrheit, also sollten wir anfangen, auch sein Vokabular zu übernehmen. Wir könnten damit beginnen die Dinge nachdem zu brennen wie der Herr sie benennt.

Beispielsweise die Bezeichnung des „Narzissten" ist ein Ausdruck aus der Alltagspsychologie. Umgangssprachlich bezeichnet man einen Narzissten als eine Person, die stark auf sich selbst bezogen ist. Einen Menschen der anderen wenig Beachtung schenkt, sich selbst jedoch bewundert und selbstverliebt ist[2].

Der Herr hat den Ausdruck „Narzisst" nicht in seinem Vokabular, auch wenn er weiß, was wir damit meinen, ist es doch ein weltlicher Ausdruck, der in der heiligen Schrift nirgends wo vorkommt. Dabei finden wir den allerersten Narzissten und somit auch die Quelle und den Ursprung des Narzissmus in Satan selbst (Hesekiel 28, 17-19).

---

[2] Wikipedia Defenition Narzissmus Stand 31.10.2018

Aus diesem Grund will der gefallene Mensch jedem und alles einen Namen und Bedeutung geben. So spricht die psychologische Gesellschaft bei extrem entgegen gesetzten Stimmungsschwankungen von einer bipolaren Störung. Ein Alkoholproblem ist seit 1951 eine Erkrankung. Der innerer Zwang oder Drang, bestimmte Dinge zu denken oder zu tun wird in der heutigen Zeit als Zwangsstörung, oder Zwangsneurose bezeichnet. Noch vor einhundert Jahren gab es diese Bezeichnungen nicht. Manische Depressionen, Persönlichkeitsstörungen, psychotische Störungen, Schizophrenie, Borderline usw. usw. In dem **WORTSCHATZ GOTTES** sind diese weltlichen Bezeichnungen nicht integriert. Es gibt sie im Himmel einfach nicht, daher sollten wir nicht jede Problematik die mit Geist und Seele in Verbindung stehen, menschengemachten Ausdrücke unterordnen. Insbesondere dann nicht, wenn diese ihren Ursprung in der Psychologie haben. Verfolgt man des Weiteren den Pfad der Väter der Psychologie zurück, findet man die Wurzeln in den Quellen Satans. Sigmund Freud gilt als einer der einflussreichsten Denker des 20. Jahrhunderts. Er war der Begründer der Psychoanalyse, ein Neurologe, Tiefenpsychologie, und Kulturtheoretiker. Allerdings war er auch ein Religionskritiker, der selbst viele Lebensprobleme hatte und für diese u.a. ein Heilmittel im Gebrauch von Kokain für sich und seine Patienten sah. Zeit seines Lebens interessierte Freud sich für das Okkulte und Paranormale, er war beispielsweise ein begeisterter Fan der Hypnose. Der Seelenforscher und Therapeut C.G Jung dagegen, hat in seinen Büchern und Biografien nie verheimlicht, in seiner Arbeit durch den Okkultismus (Alchemie, Orakel, Astrologie usw.) beeinflusst gewesen zu sein. Er fand großen Zuspruch seitens der spirituellen Bewegungen.

Taucht man noch tiefer in die Bereiche der Psychologie und der Psychiatrie ein, wird man entdecken, dass viele Gemeinsamkeiten zur New Age Bewegung und allen Religionen der Welt, bis auf das Christentum zu finden sind. Der Grund dafür ist, dass alle diese Wurzeln des „Gleichklangs", aus dem Okkultismus entspringen.

Man darf also behaupten, dass die fundamentalistische Psychologie aus der korrupten Vorstellung des Menschen entsprungen ist, und der Feind direkt vor Ort war um dabei zu helfen, die Identität des Menschen von ihm und von gottlosen Männern schleifen und polieren zu lassen. Der Mensch soll sich mit diesen Bezeichnungen und mit der damit verbundenen Kategorisierung identifizieren, statt mit dem Wort Gottes. Wer diese Definitionen annimmt, hat sich schon automatisch zum Freund der Welt gemacht (Jakobus 4,4)!

Wann immer man schweren Lebenssituationen menschengemachte Namen gibt, erhält man auch menschengemachte Lösungen, wie z.B.: hoch dosierte Medikamente, seltenes dauerhafte Therapie-Erfolge, alternative Heilmethoden, Selbsthilfebücher usw. Alle diese Ersatzlösungen sollen den Betroffenen weniger „verzweifelt" machen, so dass er die Hilfe Gottes erst gar nicht aufsucht! Wenn es nach Satan geht, soll der Mensch bei seinen Sorgen, Problemen und Nöten, keinesfalls Gott zu Rate ziehen. Zu Jesu Zeiten, gab es die Anonymen Alkoholiker nicht, eben sowenig gab es Google, da sind wir uns alle einig.

So spricht der HERR: Verflucht ist der Mann, der auf Menschen vertraut und Fleisch zu seinem Arm macht und dessen Herz vom HERRN weicht! **Jeremia 17,5**

Dabei ist Gottes Arm nach wie vor nicht zu kurz, um zu retten (Jesaja 59,1). Wenn wir die heilige Schrift aufschlagen, und sie in der Art zu unserem Herzen spricht, bei der wir uns genau wieder erkennen, dann ist das der Wendepunkt, an dem wir beginnen unsere Problematik zu definieren, wie Gott sie definiert. Es ist genau der Punkt an dem wir die weiße Flagge schwingen und uns eingestehen, dass wir seine Hilfe brauchen. Es ist auch der Moment an dem wir zugeben, das uns der Stolz in unserem Innern nicht weiter bringen wird!

Gottes Wort ist Geist und lebendig, deshalb hat ein einziges Wort Gottes die Kraft dein ganzes Leben zu verändern! Leider beten viele einen Gott an, der ihnen nicht helfen kann und kraftlos ist. Sünde, Gesetzlichkeit und Gebundenheit ist die Kernzusammensetzung von diesem falschen Gott, und wir sollten endlich aufwachen und erkennen, dass dies **nicht** der Gott der Bibel ist! Der einzig wahre und lebendige Gott ist ein Mächtiger Gott, der in jeder Lebenslage zu retten vermag. Die heilige Schrift ist erfüllt mit einer Anreihung von Erfolgsgeschichten des kraftvollen Wirkens Gottes.

Wir kennen die Begebenheiten, wie er die Kinder Israels aus Ägypten hinauf ins gelobte Land führte. Oder auch die Geschichten der sieghaften Gewinner wie Abraham, Isaak, Jakob, David usw. usw..

Gott ist der gleiche gestern, heute und auch morgen und ändert sich nicht! Die Beständigkeit Gottes ist mit nichts zu verglichen. Wenn du dem lebendigen Wort Gottes wirklich glaubst, dann solltest du auch daran glauben, dass die Bibel für **JEDES Problem** eine Lösung hat!

Ist es doch der Feind der versucht den Menschen eine Bedeutung zu geben für die Boshaftigkeiten, die er selbst verursacht hat (erst zerstört er, danach biete er uns die Lösung, für das von ihm geschaffene Problem an. Ganz nach dem Prinzip Teile und herrsche. Dabei ist sein Ziel, immer der Tod (Johannes 10,10).

Psychologische Bezeichnungen sollen den Menschen immer weiter weg von Gott treiben. Benennen wir die Dinge wie Gott sie benennt, einen Narzissten finden wir bereits vor ca. 2.700 Jahren in der verstockten Haltung des ägyptischen Pharaos gegenüber den Kindern Israels (2. Mose 7-14). Wir wissen weshalb, warum, und wie es mit dem Pharao geendet ist. Narzissmus und Selbstverliebtheit finden wir ebenso in der Haltung Babels, gegenüber dem jüdischen Volk (s. Jesaja 47). Schizophrenie, psychotische Störungen oder Persönlichkeitsstörungen finden wir in (1. Samuel 16, 14-23). Gott bietet auch in solchen Fällen eine Lösung. Ob der betroffene Mensch diese dann annimmt, liegt an ihm selbst. Eine manische Depression ist im (1. Samuel 18, 7-12) beschrieben, auf Alkoholismus trifft man im (1. Mose 9, 20-25) usw. usw..

Die Hauptsäulen aller dieser Problematiken bestehen in der Angst und in der Gebundenheit des Menschen, das Ergebnis ist = mangelndes Vertrauen an Gott.

Der heutige Leib Christi und die „Besessenen"

Alle diese Begebenheiten, die wir dem heiligen Wort Gottes entnehmen können, entstanden lange bevor, die von Menschen gemachten psychologischen Bezeichnungen erfunden wurden. Deshalb ist es auch nicht verwunderlich, dass heutzutage viele Menschen die stark okkult belastet sind, geradewegs als krank diagnostiziert werden.

Viele Hirten haben meinen Weinberg verdorben, mein Feldstück zertreten; sie haben mein kostbares Feldstück zur wüsten Einöde gemacht. **Jeremia 12,10**

Leider lehren die heutigen Gemeinden kaum über Themen der dämonischen Belastung und Verfolgung und schon gar nicht über das Stalking durch Dämonen auf der geistlicher Ebene. Es gibt bedauerlicherweise viel zu viele Menschen weltweit, die hochgradig dämonisch belastet sind. Sie sitzen sonntags in den Gemeinden und versuchen sich weitgehend nichts anmerken zu lassen, dabei fühlen sie sich total hilflos, hoffnungslos, isoliert und allein gelassen. Manche Pastoren sind mit einen von Dämonen belasteten Christen einfach überfordert und wissen nicht was sie tun sollen.

Ich weiß von einer Begebenheit, bei der eine Schwester Hilfe bei ihrem Pastoren suchte, weil sie häufig zum Abend Schatten in ihrem Schlafzimmer sah, die ihr Angst machten. Die Reaktion des geistlichen Oberhaupts war, dass es sich schlicht und einfach nur um ihre eigenen Gedanken und Phantasien handeln würde, und wenn einer mal „wirklich" krank sein sollte, könne man ihn rufen, jedoch mit Dämonen wolle er nichts zu tun haben.

Eine undenkbare Reaktion für einen Repräsentanten der Lehre Jesu, sie sagt schon viel aus. Es ist so, als wolle man bei der Polizei einen Diebstahl melden und diese einem aber versichere, dass sie nicht helfen könne. Wenn man mit einem gebrochenem Bein ins Krankenhaus eingeliefert wird, ist das Letzte, dass man erwartet, wieder nach Hause geschickt zu werden. Genauso undenkbar ist es beim Bäcker keine Brötchen zu bekommen ... Dabei geht es hier doch um das Leben eines Menschen! Eine unglaubliche Bedrängnis für all diejenigen die ganz klar wissen, dass sie nicht „krank" sind. Dabei gebe es so viele Antworten auf ihre Fragen wie:

➢ Warum muss grade mir das passieren?

➢ Werde ich jemals wieder gesund?

➢ Bin ich wirklich geisteskrank?

➢ Kann Jesus mich tatsächlich heilen?

Es mag gut sein, dass der Ursprung ihrer Belastungen in der Übertragung von „legalen Rechten" an den Feind gegründet ist.

Möglicherweise handelt es sich bei den sogenannten „**Geistes**kranken", um die Wiederholung eines familiären Generationskreislaufs, der auf Grund von noch nicht bekannter Sünde noch wirksam ist? Wenn dies der Fall sein sollte, dann können solche Umstände sehr schwer für den unwissenden Betroffenen werden, denn im **5. Mose 28, 28-29** lesen wir dazu folgendes:

> *Der HERR wird dich schlagen mit **Wahnsinn** und mit **Blindheit** und mit **Geistesverwirrung**. Und du wirst am Mittag umhertappen, wie der **Blinde im Finstern** tappt, und du wirst **keinen Erfolg haben auf deinen Wegen**. Und du wirst alle Tage nur **unterdrückt** und **beraubt** sein, und **niemand wird helfen**.*

Auf den ersten Blick mag dieser Vers sehr grob erscheinen, da wir Gläubigen fast immer und ausschließlich von einem unendlich liebenden Gott ausgehen, der seine Kinder so sehr liebt, dass er sie in Watte einhüllt.

Das wiederum mag uns richtig erscheinen, doch unser Herr ist auch ein richtender Gott und wie wir noch sehen werden, geschieht nichts ohne seine Zustimmung!

Wir müssen im Falle von Geisteskrankheit die Möglichkeit mit einbeziehen, dass es sich um noch bestehende Rechte des Feindes, aufgrund von unbewusster und noch nicht bekannter Sünde des Leidtragenden oder seiner Vorfahren handelt.

Ein Bereich, dem kaum bis gar keine Aufmerksamkeit geschenkt wird. Der einzige der uns diese Frage mit 100% tiger Wahrscheinlichkeit für jeden Hilfesuchenden beantworten kann, ist unser Herr Jesus Christus selbst.

Denn die Hirten sind dumm geworden, und haben den HERRN nicht gesucht. Darum haben sie nicht verständig gehandelt, und ihre ganze Herde hat sich zerstreut.
Jeremia 10,21

Jesus ist bereit, uns viele unserer Fragen zu beantworten, jedoch bezieht kaum ein Arzt und nur wenige Pastoren das Wirken Gottes, in diesen Bereichen mit ein. Und die Betroffenen können nicht einmal ihren Glaubensgeschwistern klar verständlich machen, was da genau in ihnen, oder um sie herum vor geht, da sie es häufig selbst nicht verstehen. Oft wissen sie nicht woher diese Plage kommt oder weshalb sie damit zu kämpfen haben. Dabei machen sie fast tagtäglich übernatürliche Erfahrungen, die sehr erschöpfend und zerstörend für ihr Leben und ihr Umfeld sind.

Aus Angst als mental unzurechnungsfähig abgestempelt zu werden, öffnen sie sich nicht. Sie wollen nicht als bösartig dargestellt werden. Auch wollen sie keiner Schuldzuweisung ausgesetzt sein (ein bekanntes Phänomen das wir auch aus der Begebenheit Hiobs und seinen Freunden kennen). Wer möchte schon gern mit Dämonenanhaftung stigmatisiert werden? Endresultat, die Betroffenen rutschen unter den allgemeinen Radarbildschirm.

Dämonenaustreibung? Bitte nicht bei uns Christen!

Der Großteil der heutigen Christen behauptet, aufgrund dessen das sie „gläubig" seien, könnten sie keine Dämonen haben. Ihre Ignoranz lässt sie nicht erkennen, dass Hass, Eifersucht, Neid, Zweifel, Angst, Frustrationen usw. Manifestationen von dämonischer Belastungen sind. Ja, ganz Recht, **es handelt sich dabei um Dämonen!**

Man könnte dieses **„Problem"** auch als eine Kollektivverleugnung der Gemeinden und vieler Christen bezeichnen. Deshalb ist es nicht verwunderlich, dass die Mehrheit der Kinder Gottes sich mit Händen und Füßen dagegen wehrt, Dämonen zu haben. Von vielen wird fälschlicherweise die Lehre vertreten, dass Christen keine Dämonen haben könnten und wer etwas anderes behauptet, wird in eine ultra- charismatische Schublade gesteckt oder als Irrlehrer betitelt.

Kein Wunder, wollen Dämonen doch um jeden Preis unendeckt bleiben! Im Grunde ist das Verhalten vieler Chisten nachvollziehbar und verständlich, denn wer will schon so etwas wie ein Dämon, insbesondere wie er uns aus Film- Fernsehen und Medien präsentiert wird in sich haben?

Also ziehen wir wieder einmal wie ein Kleinkind die Decke über den Kopf und hoffen das Satan und seine Dämonen einfach einen Bogen um uns machen. Geistliches wird mit Fleischlichem wegerklärt und die Begründung dieser Phänomene im Natürlichen, im Psychologischen, oder in Form von Erkrankungen gesucht. Alles darf es sein, nur bitte nichts Geistliches oder Übernatürliches, und erst recht bitte keine Dämonen!

Eine weitere Option der Kollektivverleugnung ist es diese „Halluzinationen" einfach aufs Fleisch zu schieben. Auch hier gilt, alles darf es sein, nur bitte nicht der Teufel! Der Großteil der Menschheit glaubt nicht einmal daran, dass Satan existiert. Man stelle sich einen Bankräuber vor, der eine Bank ausrauben möchte, doch für die Bankangestellten, sowie Kunden und Polizisten ist er schlichtweg unsichtbar. Besser noch, sie glauben nicht einmal das er wirklich existiert. Was für ein leichtes Spiel es doch tatsächlich ist, die meisten von uns zu täuschen..

Insbesondere weil es aus weltlicher Sicht diese „Hirngespinste" nicht geben kann, und weil sie für die Welt nicht erklärbar sind, werden die Leidtragenden in psychologische und psychiatrische Krankheitsbilder hineingepresst. Als einzige Antwort und Lösung werden ihnen hochdosierte Medikamente und zweifelhafte Therapien angeboten.

Aufgrund der ärztlich ausgestellten Diagnose beschäftigen sich ihre Glaubensgeschwister folglich dann auch nicht mehr weiter mit diesem Thema, da ja nun jetzt die „Krankheit" schwarz auf weiß bescheinigt wurde. Ob es so etwas vor 2.000 Jahren im Leib Christi auch gegeben hätte, ist stark zu bezweifeln.

Damit der Herr uns aus diesen Bedrängnissen befreien und leiten kann, kommen wir nicht drumherum diese Situationen nach dem Wort Gottes zu brennen, das ewig lebendig und wirksam ist:

> *Denn das Wort Gottes ist lebendig und wirksam und schärfer als jedes zweischneidige Schwert und durchdringend bis zur Scheidung von Seele und Geist, sowohl der Gelenke als auch des Markes, und ein Richter der Gedanken und Gesinnungen des Herzens; und kein Geschöpf ist vor ihm unsichtbar, sondern alles bloß und aufgedeckt vor den Augen dessen, mit dem wir es zu tun haben.*
> **Hebräer 4, 12-13**

Besonders traurig ist es, dass viele dieser Christen bis zum Ende ihres irdischen Lebens von ihren Dämonen nicht befreit werden. Es ist unabdingbar, dass der heutige Leib Christi wieder zurück zum Ursprung kommt und wieder die Basis des geistlichen Kampfes und der Dämonologie lehrt. Denn nur dann, ist gewährleistet, dass belastete Menschen eine vernünftige Anlaufstelle finden. Bei denen dann in zweiter Instantz diese Belastungen angesprochen und angegangen werden können. Das kann nur im Sinne Jesu sein!

Jesus von Nazareth, wie Gott ihn mit Heiligem Geist und mit Kraft gesalbt hat, der umherging und wohltat und alle heilte, die von dem Teufel überwältigt waren, denn Gott war mit ihm. **Apostelgeschichte 10,8**

Die Gründe weshalb der Großteil der heutigen Gemeinden keine Dämonen mehr austreibt, sind unterschiedlich. Sie setzten sich unter vielen anderen Gründen wie folgt zusammen:

- Unwissenheit
- geistliche Unterentwicklung
- Angst vor Dämonen
- Angst vor der charismatischen Schublade
- Angst vor Kontrollverlust und Verlust des Ansehens
- Angst vor finanziellen Einbußen (z.B. durch schwindende Spendeinahmen)
- Ignoranz / Arroganz
- Gleichgültigkeit
- mangelndes Vertrauen an Gottes Wirken und an seiner Kraft zu heilen

- Sie sind Nachfolger eines kraftlosen Evangeliums (Lippenbekenntnisse)
- Anpassung an die Welt
- Unglauben
- Irrlehren

Diese Zeichen aber werden *denen folgen, die glauben: In meinem Namen werden sie Dämonen austreiben;* sie werden in *neuen Sprachen reden;* werden *Schlangen aufheben,* und wenn sie *etwas Tödliches trinken, wird es ihnen nicht schaden;* Schwachen werden sie *die Hände auflegen,* und sie werden sich *wohl befinden. Der Herr wurde* nun, nachdem er mit ihnen geredet hatte, *in den Himmel aufgenommen und setzte sich zur Rechten Gottes.* Jene aber *zogen aus und predigten überall,* während *der Herr* <u>mitwirkte</u> und *das Wort durch die darauf folgenden Zeichen* <u>bestätigte</u>. *Markus 16, 17-20*

Jeder wahre Christ ist von Jesus bevollmächtigt Dämonen auszutreiben. Dazu bedarf es kein jahrelanges Studium der Theologie oder der Geisteswissenschaften. Es darf und kann einfach nicht sein, dass eine Gemeinde welche der Annahme ist sie wandle tief im Geiste Jesu, schreiend das Gebäude verlässt, sobald sich ein Dämon während des Gottesdienstes manifestiert. Spaß bei Seite ^_^, denn in der Realität sieht das Ergebnis weitaus trauriger aus. Viele Gemeinden sind leider in einen geistlichen Tiefschlaf gefallen. Sie reagieren bei dämonischer Manifestation mit unter gar nicht, weil sie es als solche nicht erkennen. Solange wir im Fleisch wandeln werden wir nicht in der Lage sein Dämonen auszutreiben, um den Leib Christi vor Angriffen zu schützen (1. Korinther 12, 24-26):

*Aber auch ich sage dir: Du bist Petrus, und auf diesem Felsen werde ich meine Gemeinde bauen, **und des Hades Pforten werden sie nicht überwältigen. Matthäus 16,18***

Jesus sagt uns damit das in ihm die Art der Kraft liegt, die des Hades Pforten nicht überwältigen können! Damit wir den Anweisungen Jesu wieder treu folgen und damit der Abfall vom Glauben unter der Christenheit reduziert wird, ist es unumgänglich, dass die Gemeinde sich in geistlichen Gesetzen schult und diese auch lehrt (2. Timotheus 2, 1-2).

Ganz besonders heute, wo okkulte Verwicklungen rapide zunehmen wird sie nicht fähig sein die Menschen, die errettet werden zu halten. Neugeborenen Christen wird es weiterhin schwerfallen siegreich zu leben und geistliche Blockaden zu lösen. Geistlicher Wachstum und somit die Heranführung an „geistliche Themen" muss seitens der Gemeinde stärker gefördert werden. In Galater 6,8 lesen wir:

Denn wer auf sein Fleisch sät, wird vom Fleisch Verderben ernten; wer aber auf den Geist sät, wird vom Geist ewiges Leben ernten.

Ein jeder Christ muss sich demnach mit geistlichen Gesetzten vertraut machen. Er muss in Kenntnis gesetzt werden, dass ein geistliches Problem nicht mit physischen Lösungen bekämpft werden kann. Wer nicht weiß das jeder Same erst im Geistlichen gesät wird (1. Korinther 9,11), ehe sich die Frucht im Natürlichen manifestiert, wird es in seinem Glaubensleben sehr schwer haben. Dieses Gesetz Gottes greift genauso bei einem „unvorhergesehenen Unfall", sowie bei der Entstehung einer Krankheit, oder aber auch bei der Wahl eines Präsidenten oder einer Bundeskanzlerin. All diese Dinge werden erst im Geiste geboren bevor sie sich im Natürlichen Manifestieren.

Wenn Ärzte bei dämonischer Belastung nicht weiterhelfen können (und das können sie in den wenigsten Fällen, weil die meisten von ihnen weder Jesus kennen, noch jemals etwas von geistlichen Gesetzen gehört haben). Dann sind Gemeinde, Seelsorge und Befreiungsdienst gefordert. Mit dem Betroffenen muss ein Sündencheck vorgenommen werden und ggfs. durch Fasten und Gebet die Führung und Weisung vom Herren erbeten werden. Erst dann wird sich aufzeigen wie im Einzelfall vorzugehen ist. Wir können Gott nicht bitten dämonische Belastungen **„von uns zu nehmen"**, er wird es nicht tun. Austreiben müssen wir Dämonen schon selber, denn dazu hat Jesus uns die Schlüssel des Reiches der Himmel geben und zudem alle Vollmacht und Kraft über den Feind (Lukas 10,19 ; Matthäus 16,19).

Wenn wir wieder zurück zu dem Beispiel von dem fallsüchtigen Jungen aus Matthäus 17. kommen, lesen wir in Vers 18:

Und Jesus bedrohte ihn, und der Dämon fuhr von ihm aus; und von jener Stunde an **war der Junge geheilt.** **Matthäus 17,18**

Der Ausdruck fallsüchtig ist so gut wie aus unseren Wortschatz verschwunden. Heute nennen wir die Fallsucht, Epilepsie. Jedoch hört man kaum davon, dass ein Mensch durch Dämonenaustreibung von Epilepsie geheilt wurde, wie es in Matthäus 17,18 beschrieben ist. Diese traurige Tatsache sollte uns als gläubige Christen zum Umdenken bewegen.

Sind es denn immer Dämonen?

Preist, ihr Völker, unseren Gott, und lasst hören den Klang seines Lobes; der unsere Seele zum Leben bringt und nicht zugelassen hat, dass unsere Füße wankten! Denn du hast uns geprüft, Gott, du hast uns geläutert, wie man Silber läutert. Du hast uns ins Netz gehen lassen, hast eine drückende Last auf unsere Hüften gelegt. Du hast Menschen über unseren Kopf reiten lassen; wir sind ins Feuer und ins Wasser gekommen, aber du hast uns herausgeführt zum Überfluss. **Psalm 66, 8-12**

Jemand sagte mal zu mir: „Immer Dämonen, Dämonen, die Begründung für diese Dinge könne doch nicht immer nur dämonisch sein, es gebe doch einfach auch nur Krankheiten!". Das ist schon richtig, jedoch nur die Hälfte der Wahrheit, denn jede Krankheit hat ihren Ursprung im Geistlichen und es bleibt zu klären warum, wieso und wodurch sie gekeimt hat (Galater 6,7 ; Hiob 4,8). Zudem müssen wir bei der Herkunft von Leid und Krankheit drei sehr wichtige Dinge beachten:

1. Gott, seinen Charakter, sein Wesen und seine Gebote

2. Der Mensch, seine sündige Natur, sein Ungehorsam und seine Rebellion gegen Gott

3. Satan als Werkzeug Gottes

Jesaja beantwortet uns diese Frage folgendermaßen:

Ich bin der HERR - und sonst keiner -, der das Licht bildet und die Finsternis schafft, der Frieden wirkt und das Unheil schafft. **Jesaja 45, 6-7**

Wer glaubt, Gott würde nur Menschen und Umstände in unser Leben bringen, die uns wohlhabend, gesund und glücklich machen, der kennt den Herrn nicht besonders gut. In unserer Naivität nehmen wir oftmals an, dass alles Gute vom Herrn kommt und das schlechte vom Teufel. Dabei finden wir bereits im Buch Hiob einen Hinweis auf das Gegenteil, als dieser seine Frau ermahnte:

Er aber sagte zu ihr: Wie eine der Törinnen redet, so redest auch du. Das Gute nehmen wir von Gott an, da sollten wir das Böse nicht auch annehmen? Bei alldem sündigte Hiob nicht mit seinen Lippen. **Hiob 2,10**

Die Wege Gottes sind soviel höher..

Die folgenden 7 Beispiele werden uns verdeutlichen, dass es **der Herr selbst ist, der** aufgrund seiner Souveränität, Krankheit, Bedrängnis, Umkehr und Gericht **wirkt**:

1. Das Kind von David und Batseba musste sterben:

*Nur weil du den Feinden des HERRN durch diese Sache Anlass zur Lästerung gegeben hast, muss auch der Sohn, der dir geboren ist, sterben. Und Nathan ging in sein Haus zurück. **Und der HERR schlug das Kind**, das Urias Frau dem David geboren hatte, und es wurde schwer krank. **2. Samuel 12, 14-15***

2. Usijas Hochmut und Untreue:

*Und der Oberpriester Asarja und all die Priester wandten sich ihm zu, und siehe, er war aussätzig an seiner Stirn, und sie trieben ihn schleunigst von dort weg. Und auch er selbst beeilte sich hinauszukommen, **weil der HERR ihn geschlagen hatte**. Und der König Usija war aussätzig bis zum Tag seines Todes. Und er wohnte in einem abgesonderten Haus als Aussätziger; **denn er war von dem Haus des HERRN ausgeschlossen.***

2. Chronik 26, 20-21

3. Der Herr beauftragt nach SEINEM Willen:

*Denn siehe, der **HERR befiehlt**, und man schlägt das große Haus in Trümmer und das kleine Haus in Splitter. **Amos 6,11***

4. Krankheit durch Ignoranz bei der Beurteilung von *Geistlichem:*

Denn wer isst und trinkt, isst und trinkt sich selbst Gericht, wenn er den Leib des Herrn nicht richtig beurteilt. Deshalb sind viele unter euch schwach und krank, und ein gut Teil sind entschlafen. Wenn wir uns aber selbst beurteilten, so würden wir nicht gerichtet. **Wenn wir aber vom Herrn gerichtet werden, so werden wir gezüchtigt, damit wir nicht mit der Welt verurteilt werden. 1. Korinther 11, 29-32**

5. Die Heilung eines Blindgeborenen:

Und als er vorüberging, sah er einen Menschen, blind von Geburt. Und seine Jünger fragten ihn und sagten: Rabbi, wer hat gesündigt, dieser oder seine Eltern, dass er blind geboren wurde? **Jesus antwortete: Weder dieser hat gesündigt noch seine Eltern, sondern damit die Werke Gottes an ihm offenbart würden. Johannes 9, 1-3**

6. Ohne Gottes Zustimmung geschieht nichts:

Wer ist es, der da sprach, und es geschah - **und der Herr hat es nicht geboten? Klagelieder 3, 38-39**

7. Wer Unrecht tut, muss mit Gewalt und Verfolgung durch den Herrn rechnen:

Siehe, **ich mache es unter euch schwankend**, *wie der Wagen schwankt, der voll Garben ist. Da geht dem Schnellen die Zuflucht verloren, den Starken festigt nicht seine Kraft, und der Held rettet sein Leben nicht*

Der den Bogen führt, hält nicht stand, der Schnellfüßige rettet sich nicht, und der auf dem Pferd reitet, rettet sein Leben nicht. Und der Beherzteste unter den Helden flieht nackt an jenem Tag, spricht der HERR. **Amos 2, 13-16**

Ein weiteres Beispiel:

Der Herr lässt Salomon aufgrund von seinem Götzendienst teuflische Feinde entstehen:

Und der HERR ließ Salomo einen Widersacher (Satan) erstehen, den Edomiter Hadad; der war vom königlichen Geschlecht (Samen) in Edom. Und Gott ließ Salomo (ihm) noch einen Widersacher (Satan) erstehen, nämlich Reson, den Sohn Eljadas, der von seinem Herrn Hadad-Eser, dem König von Zoba, geflohen war. **1. Könige 11, 14+23**

Aus diesen Versen sollte uns klar werden, dass Gottes Liebe mitunter anders aussehen kann, als in unserer Vorstellung. In der Tat sind seine Gedanken und Wege so viel höher als unsere (Jesaja 55,8). Wir wissen jetzt, dass nichts ohne den Willen und der Zustimmung Gottes in unserem Leben geschieht. Nun haben wir die Gelegenheit, Krankheiten und Bedrängnisse in unserem Leben zu hinterfragen. Möglicherweise sind verborgene Sünden noch nicht bekannt? Zudem liegt in der Not und Bedrängnis immer eine Chance auf Veränderung und Umkehr zu einem Gott gefälligen Leben in Demut:

Nahe ist der HERR denen, die zerbrochenen Herzens sind, und die zerschlagenen Geistes sind, rettet er. **Psalm 34**

Als Kinder Gottes werden wir von unserem Vater auch schon mal gezüchtigt (Hebräer 12,10; Sprüche 13,24), denn ein liebender Vater lässt seine Kinder nicht verwahrlosen. Allerdings lässt er sich von ihnen auch nicht auf der Nase herum tanzen. Zu häufig sind wir nicht gewillt die Züchtigungen des Herrn anzunehmen. Lieber werden Beschneidung und Läuterung nur zu gerne von uns verdrängt und auf Satan geschoben. Hier darf es dann doch wieder der Teufel sein ...

Dabei ist unser Widersacher lediglich nur ein Werkzeug, dass Gott zu unserer Züchtigung gebraucht.

Denn ich kenne ja die Gedanken, die ich über euch denke, spricht der HERR, Gedanken des Friedens und nicht zum Unheil, um euch Zukunft und Hoffnung zu gewähren. **Jeremia 29,11**

Wenn Gott nur das Beste für uns möchte, und wir daran nicht zweifeln, dann müssen wir lernen zu erkennen, dass unsere Nöte und Leiden mit unseren Sünden in Verbindung stehen. Ein Christ der in wiederkehrender Sünde lebt, oder die Sünden seiner Blutlinie nicht geklärt hat, muss mit Schwierigkeiten, Hindernissen und Züchtigungen durch den Herrn rechnen. Wenn wir also den geistlichen Kampf kämpfen, dann kämpfen wir dabei nicht gegen Gott. Auch kämpfen wir nicht gegen Satan, wir kämpfen gegen das Wesen der Sünde (1. Johannes 3, 8-10). Zugleich werden wir zu Kindern Gottes erzogen. Endlich weg vom Schweinetrog angekommen im Haus unseres Vaters, müssen wir erst einmal die geistlichen Verunreinigungen abduschen und lernen am Tisch Gottes mit Anstand, Sauberkeit und Sitte zu speisen (Jakobus 4,8). Jesus hilft uns bei jedem einzelnen dieser Schritte. Der geistliche Kampf ist dabei Teil seines Plans.

Siehe, glücklich ist der Mensch, den Gott zurechtweist! So verwirf denn nicht die Züchtigung des Allmächtigen!

Denn er bereitet Schmerz und verbindet, er zerschlägt, und seine Hände heilen.
Hiob 5, 17-17

Über die Irreführung Satans, dass Christen keine Dämonen haben könnten

Jede Ungerechtigkeit in der Welt wie z.B.: Lüge, Hass, Gewalt, Diebstahl, Krankheit, Hungersnöte, Krieg, Mord, Tod usw. ist Folge des Sündenfalls (s. Erbsünden 1. Mose 3, 16-19). Dazu kommen noch unsere selbst verübten Sünden.

Aus dem Beispiel des Matthäus 17 Jungen lernen wir, dass Ungläubige keinen Schutz vor Dämonen haben und in brutalster Weise (je nachdem welche Bündnisse sie mit Satan geschlossen haben) von Dämonen besessen werden können. Du als Kind Gottes, kannst **nicht** von Dämonen besessen werden, da der Herr dich mit seinem heiligen Blut losgekauft und versiegelt hat. Dieses Siegel ist das gleiche Siegel (das Blut des Lammes) welches die Kinder Israels an ihren Türen hatten, damit der Tod an ihnen vorbei ziehen musste und keines der Kinder Gottes, schaden zugefügt werden konnte (2. Mose 11 und 12). Wenn du wirklich ein wiedergeborener Christ bist, gehörst du Jesus Christus und so auch dein Geist (Römer 8,9).

Allerdings können Dämonen Gläubige **belasten**, und ihnen das Leben **erschweren**. Dabei verschanzen sie sich nicht im Geist eines Christen, (denn der gehört ja Jesus, und ist erfüllt mit dem Heiligen Geist) sondern sie verbergen sich in ihrer **Seele**.

Ein guter Vergleich dabei ist der Aufbau eines Hühnereis, Bei dem die Schale unseren Körper darstellt, dass Eiweiß unsere Seele und der Dotter unseren Geist. Geist und Seele bestehen ewig, der Körper hingegen nicht. Dämonen können sich nicht in den Geist von Christen einnisten (da dieser wie schon erwähnt mit dem Heiligen Geist „besetzt" ist), jedoch sind sie in der Lage in unsere Seelen einzudringen und sich in ihr festzusetzen.

Von dort aus übernehmen sie die Kontrolle und die Steuerung über unser Fleisch (wenn man sie lässt..). Dämonen sind nur über das Fleisch in der Lage ihre bösen Gelüste auszuleben. Ohne eines Körpers ist ihnen das Sattessen, sowie die Herstellung und Produktion von Übel und Niedertracht unmöglich. Dämonen brauchen uns Menschen um zu funktionieren. Ohne den Menschen geht es nicht!

Wenn unser Fleisch geschwächt ist, (z.B. durch Sünde bzw. durch das Öffnen von Türen die besser verschlossen geblieben wären) dann erzeugt das Fleisch Werke. Diese Werke finden wir unter andrem beschrieben in Galater 5, 19-21. Es ist wichtig zu verstehen, dass unsere Seele aus unseren Gedanken, Willen und Emotionen besteht. Wenn unser Geist (hier unser Eidotter) erfüllt ist mit dem Geist Gottes, dann ist er fähig das Fleisch zu bezwingen und im vollen Ausmaß zu kontrollieren und zu unterwerfen (Galater 5, 16-18).

Ich bin der festen Überzeugung, dass dies einer der Hauptgründe ist, weshalb das heilige Wort Gottes uns immer und immer wieder dazu aufruft, dass Fleisch zu unterwerfen, zu verleugnen und zu kreuzigen (Galater 5,24 ; Römer 6,12).

> So sind wir nun, **Brüder,** nicht dem Fleisch Schuldner, um nach dem Fleisch zu leben; denn wenn ihr nach dem **Fleisch lebt,** so **werdet ihr sterben,** wenn ihr aber **durch den Geist** die Handlungen des **Leibes tötet,** so **werdet ihr leben.** Denn so viele durch den Geist Gottes geleitet werden, die sind Söhne Gottes. **Römer 8, 12-15**

Da Paulus uns in diesem Vers mit „Brüder" anspricht wissen wir, dass er zu uns Gläubigen spricht. Er warnt uns davor, nach dem Fleisch zu leben, weil darin eine Gefahr liegt. Diese Gefahr ist der Tod und dieser wiederum wird durch Sünde hervorgerufen (Römer 6,23).

In der Heiligen Schrift finden wir Beispiele wie das Fleisch uns überwältigen kann, wenn wir nicht acht geben. Wir erinnern uns an die Begebenheit als Satan sich in den Emotionen von Petrus verschanzt und sich durch Angst und Sorge in Petrus manifestierte. Dies geschah als Jesus seinen Jüngern mitteilte, dass er gekreuzigt werden würde.

Rückblick:

Von der Zeit an begann Jesus seinen Jüngern zu zeigen, dass er nach Jerusalem hingehen müsse und von den Ältesten und Hohepriestern und Schriftgelehrten vieles leiden und getötet und am dritten Tag auferweckt werden müsse.

Und Petrus nahm ihn beiseite und fing an, **ihn zu tadeln***, indem er sagte: Gott behüte dich, Herr!* **Dies wird dir keinesfalls widerfahren.** *Er aber wandte sich um und sprach zu Petrus:* **Geh hinter mich, Satan! Du bist mir ein Ärgernis***, denn du sinnst* **nicht** *auf das,* **was Gottes***, sondern auf das,* **was der Menschen ist.**

Matthäus 16, 21-23

Ein weiteres Beispiel finden wir in Judas, auch er war ein Jünger Jesu, daher können wir davon ausgehen das bis zu einem gewissen Punkt in seinem Leben, der Heilige Geist ihn begleitete. Er wurde mit den anderen Jüngern ausgesandt, um zu predigen und Wunder im Namen des Herrn Jesus zu vollbringen. Als Maria den Herrn salbte, beklagte er sich über die „Geldverschwendung", indem er die Bedürfnisse der Armen als Vorwand benutzte.

Jedoch sorgte er sich nicht tatsächlich um die Armen. Er verwaltete die Kasse und war ein Dieb (Johannes 12, 3-6). Satan kannte die Begierde Judas, darum war es ihm ein leichtes sein Herz zu beeinflussen, damit dieser den Herrn für Geld verriet. Was dieser schließlich für 30 Silberstücke auch tat. (Matthäus 26, 14-50 ; Lukas 22, 3+47+48). Satan der Widersacher ergriff Besitz von dem Willen Judas, um den Erfolg des Verrates sicherzustellen (Johannes 13, 2+27).

Genau das gleiche kann auch uns passieren. Denn selbst als Christen können Bereiche unseres Lebens (Festungen) vom Feind besetzt sein. Ähnlich wie es in einer Stadt unterschiedliche Stadtteile gibt: schöne Bereiche mit vielen Parks, Grünflächen, Flüssen und Teichen die mit Leben und Farbe gefüllt sind. Können daneben ebenso Stadtteile existieren die sehr dunkel und mit einer hohen Mord und Überfallrate gekennteichnet sind. Es sind Stadtviertel bei denen der Lebensstandard niedrig, die Häuser kurz vor dem Verfall stehen, oder eine Ungezieferplage die nächste jagt usw. Je mehr Festungen Satan in dieser Stadt einnimmt, desto mehr kann er die besetzten Stadtteile nach seinen bösen Plänen umpflügen.

Während aber die Menschen schliefen, kam sein Feind und säte Unkraut mitten unter den Weizen und ging weg.
Matthäus 13,25

Der Mensch hat seit dem Zeitpunkt des Sündenfalls ein böses Herz. Unterschiedlich in der Art und Intensität, tun wir Menschen böse Dinge (Lukas 11,13, Matthäus 15,19). Ein jeder Mensch hat zudem immer wiederkehrende negative Emotionen wie Trauer, Eifersucht, Wut, Zorn usw. Wir versuchen, diese zu kontrollieren (oder sollten es zumindest). Tritt ein Mensch jedoch an einen Punkt, bei dem er es nicht mehr schafft seine negativen Gefühle zu kontrollieren, geraten diese ins Ungleichgewicht.

Genau das ist der Punkt, an dem eine Festung daraus entstehen kann. Um diesen Umstand besser zu verdeutlichen, stellen wir uns einen wütenden Menschen vor, der kein gutes Haar an nichts und niemanden lassen kann. Er ist stets streitlustig, missmutig und nicht gewillt anderen zu vergeben. An diesen Ort konnte er nur gelangen, weil er das folgende Gebot Gottes missachtete:

Zürnet, und sündigt dabei nicht! Die Sonne gehe nicht unter über eurem Zorn, und gebt dem Teufel keinen Raum! **Epheser 4, 26-27**

Durch seinen Ungehorsam kann es nun gut geschehen, dass er zu einem Choleriker wird der die Kontrolle über seine Emotionen an Satan abgegeben hat. In so einem Fall muss man ganz klar von einer „Festung des Zornes" durch den Feind sprechen. Hier liegt eine starke dämonische Belastung vor, ja selbst wenn er Christ ist!

Wenn Trauer sich beispielsweise in Depression transformiert, oder Genuss zur Sucht wird, oder das Aneignen von Wissen sich in Hochmut wandelt, dann sind wir als Christen aufgerufen den Geist dahinter genauer zu betrachten (Hebräer 5,14). Wir müssen diese Situationen dann offen ansprechen (1. Thessalonicher 5,14-15), damit dieser Gläubige Befreiung von seiner Gebundenheit erfährt.

Deshalb lass dir nicht einreden du könntest Gott nicht mehr gefallen als wie du grade bist! Die Aussage: man könne **„nicht mehr"** tun um Gott zu gefallen stammt aus der Bewegung der Hyper-Gnade (Einmal errettet, immer errettet). Dabei handelt es sich nur um eine weitere Lüge Satans! Denn wir können dem Herrn sehr wohl **„mehr"** oder auch **„weniger"** gut gefallen.

In der Heiligen Schrift finden wir Kain und Abel oder Essau und Jakob als erste Beispiele. Da Gott sich nicht ändert und ewig beständig ist, finden wir auch im neuen Testament Hinweise darauf, dass nicht jeder Gott gefällt, wie er ist (s. 1. Thessalonicher 2,4 ; 2,15 ; 4,1 ; Römer 8,8). Dabei geht es nicht darum ein guter Mensch zu sein, denn dies können wir nicht aus uns selbst bewirken (Johannes 15,5). Vielmehr geht es darum die Kontrolle bzw. unseren Willen dem Herrn zu übertragen. Daher heißt es auch:

Und stellt euch nicht dieser Welt gleich,
sondern ändert euch durch Erneuerung
eures Sinnes, auf dass ihr prüfen könnt,was
Gottes Wille ist, nämlich das Gute und
Wohlgefällige und Vollkommene.

Römer 12,2

Ich habe Christen erlebt die bis zum Anschlag mit Dämonen angefüllt waren. Die Manifestationen können unterschiedlich sein, und zeigen sich im Verhalten und Haltung sich und anderen gegenüber, so wie auch in ihrem Glaubensleben.

Der eine ist einem religiösem Geist verfallen in dem er das Evangelium und seinen Glauben, Ritualen und Zwangshandlungen unterwirft wie es bei einem Pharisäergeist eben üblich ist. Ein anderer steht unter einem vertrauten Geist (einen Geistführer) der sich als Heiliger Geist ausgibt, um ihn mit dämonischen Wissen zu füttern. Andere wiederum werden von ihrer sexuellen Lust übermannt. Sie bekommen den Geist der Lust einfach nicht in den Griff (wie auch..? Es handelt sich dabei um einen Geist !!).

Auch bin ich auf Christen getroffen, die sehr aggressiv, rassistisch und fremdenfeindlich waren und dadurch unbewusst Spaltungen erzeugten. Ebenso kann ich Zeugnis über sehr ängstliche, kritische, streitsüchtige und niedergeschlagene Christen geben. Das sind alles Werke des Fleisches, Werke, an denen sich Dämonen satt fressen!

Petrus aber sprach: Hananias, warum hat der Satan dein Herz erfüllt, dass du den Heiligen Geist belogen und von dem Kaufpreis des Feldes beiseite geschafft hast?
Apostelgeschichte 5,3

Ja, demnach kann auch ein Christ dämonischen Belastungen und Angriffen unterliegen. Das Fleisch eines Christen kann also voll mit Dämonen besetzt sein, doch meist bemerkt er es nicht, oder ordnet es andern Dingen zu. Paulus wiederum kannte sehr genau den Grund, weshalb der Feind ihn plagte und weshalb Gott es zuließ:

auch wegen des Außerordentlichen der Offenbarungen. Darum, damit ich mich nicht überhebe, wurde mir ein Dorn für das **Fleisch** *gegeben, ein* **Engel Satans, dass er mich mit Fäusten schlage, damit ich mich nicht überhebe. 2. Korinther 12,7**

So sollten auch wir uns nicht überheben und glauben, dass der Feind uns nicht anrühren wird. Hier sind wir in Demut besser aufgehoben. Ein Christ ist andauernd dämonischen Angriffen ausgesetzt, insbesondere dann, wenn er in blinder Ignoranz verharrt, oder sich nicht aktiv dagegen schützt (Epheser 6, 10-19)!

Dämonische Belastungen

Dämonische Belastungen gehen nur selten ohne Symptome vor sich. Diese Störungen sind spürbar und erfahrbar. Der christliche Erfolgsautor Frank Krause beschreibt sie in seinem Buch „Die Arme" folgendermaßen:

„1. Verlust unseres geistlichen Hungers bzw. Verlangens: keine Motivation:
Wir sind von einer depressiven Unlust eingehüllt wie in eine nasse Decke und können uns kaum zu irgendeiner geistlichen Betätigung aufraffen. Wir würden uns am liebsten zurückziehen, gar nichts tun und hängen lassen.

2. Verlust unserer geistlichen Kraft und: Müdigkeit

Diese Müdigkeit kann uns gradezu „überfallen" – insbesondere in Gebetssituationen oder geistlichen Gesprächen usw. Auch kann es sein, dass wir uns nicht Geistliches merken können. Wir hören eine Predigt oder lesen die Bibel und es bleibt nichts „hängen". Es ist, als hätten wir ein Brett vor dem Kopf.

3. Verlust unserer positiven Gefühle: Verstimmungen, Paranoia, irreale Ängste, Bedrückung, Unruhe, Alpträume, Bedrohtheit, o.Ä.

Auch diese Verstimmungen können uns „überfallen". Sie kommen ohne jede Begründung auf einmal „über uns" und ziehen uns runter oder vernebeln uns mit einem Schleier von Hoffnungslosigkeit.

4. Verlust durch plötzliche Anhäufungen von familiären Chaos, Streitereien, Unfälle, finanzielle Verluste usw.

5. Verlust auf körperlicher Ebene durch Symptome sowie Erkrankungen, die genauso plötzlich wieder verschwinden, wie sie gekommen sind.

Auch dies kann überfallartig geschen: **Auf einmal und ohne Anlass überfallen uns irgendwelche Schmerzen Gebrechen usw.**

Diese Verluste führen zum Beispiel dazu, dass ein Mensch sich zurückzieht, zurückhält, das Wort Gottes nicht mehr liest (kein Appetit!), keine Lust hat zu beten, Gottesdienste langweilig findet, alles Geistliche als unwirklich und Gott als weit weg empfindet[1]."

---

[1] Frank Krause, Die Arme - Impulse zur aktuellen geistlichen Revolution, GrloryWorld-Medien, 2012, S. 197

Im folgenden eine Auflistung von dämonischen Belastungen und Störungen, die ich im Laufe der Jahre an mir und anderen beobachten konnte:

- Panikattacken
- Beklemmung
- Angstzustände
- vernebelte Sicht
- erschlagende Müdigkeit (Die sogenannte „Teufelsmüdigkeit")
- Unkonzentriertheit, das Gehirn ist wie ein Sieb, wir müssen jeden Satz drei mal lesen, und können uns den Inhalt immer noch nicht merken.
- Verwirrtheit
- sich bedroht und eingeengt fühlen
- depressive Verstimmungen
- Frustrationen
- mangelndes Durchhaltungsvermögen
- sich eingeschüchtert fühlen
- Gedankenverlorenheit und Tagträumereien (sich geistlich von der Außenwelt abspalten)
- Allgemeine Faulheit, Trägheit, Lustlosigkeit, man verschiebt das geplante so häufig bis es in die Vergessenheit gerät

- körperliche Symptome wie plötzliche Erkrankungen: Ohne Anlass überfallen uns unerklärliche Schmerzen und körperliche Beschwerden wie z.b. Herzstechen, Atemnot, Lähmung der Glieder, das Gefühl ein Kloß im Hals zu haben oder gewürgt zu werden, Empfindungen eines Knoten oder Brennen im Magen, Zuschnürung des Magens, unkontrollierbare Aufregung, Herzrasen, Zittern usw.

- Heilungsblockaden

- Appetitlosigkeit oder Fressattacken

- Haarverlust

- Ticks, Zuckungen und Verkrampfungen

- regelmäßiges lautes Magenknurren, insbesondere wenn man keinen Hunger verspürt

- Blähbauch

- ungewöhnliche Bewegungen im Magen wahrnehmen (als würde sich etwas im Innern winden)

- extreme Hitzewallungen

- Wahrnehmung von Schatten an bspw. Decken und Wenden

- Das Wahrnehmen eines Windhauchs trotz Windstille

- Das Hören von Stimmen oder Geflüster obwohl kein anderer im Raum anwesend ist

- Tinnitus der plötzlich auftaucht und wieder geht oder ein „klackern" im Ohr als hätte man Wasser im Trommelfell

- Körper steht wie unter Feuer, man verbrennt förmlich von ihnen (der sogenannte geistliche Stromschlag oder auch die dämonische Berührung genannt)

- Man macht Äußerungen die der eigenen Natur nicht entsprechen, die einem oftmals im Nachhinein leidtun, zudem wundert man sich weshalb und woher „das" kam

- Stagnation und Blockaden in verschiedenen Lebensbereichen

- Die schlagartige Zunahme von familiären Missverständnissen, Problemen, Streitereien, rebellierenden Kindern usw.

- ungewöhnliche Anhäufung von Unfällen jeder Art

- urplötzlicher Anstieg von diversen Schäden, an Elektrogeräten, Haus, Auto etc.

- sich häufende finanzielle Verluste jeder Art

Um solche Manifestationen binden zu können, müssen wir vorerst der Ursache auf den Grund gehen. Dieses erfordert, dass wir empfindsamer und aufmerksamer werden für die Vorgänge die in uns, und um uns herum geschehen. Wir dürfen sie nicht abtun oder „runter reden".

Jesus Christus war der allererste Mensch auf dieser Erde, der Dämonen erfolgreich austrieb. Er hat uns wie versprochen den Heiligen Geist gesandt (Johannes 14, 16-17, Apostelgeschichte 2), damit wir uns von ihm führen und leiten lassen. Jeder Gläubige ist ein Priester (1. Petrus 2, Offenbarung 1,6) und hat die Macht und Autorität (Lukas 10,9) sich aus dieser Gefangenschaft zu befreien. So wollen wir Jesus loben, preisen, ihm danken und ihn verherrlichen! Denn ER hat für unsere Freiheit und unseren Frieden (Jesaja 26,12) einen sehr, sehr hohen Preis bezahlt!

Kapitel 4

Das Schlachtfeld

Das Schlachtfeld, auf dem wir Kämpfen symbolisiert unsere Gedanken bzw. Gedankengebäude (2. Korinther 10, 3-5). Sie betreffen unser Leben und alles darin eingeschlossene wie z.b.: das Glaubensleben, Ehe, Kinder und Familie, Gesundheit, Beruf, Karriere, Freundeskreis usw. Jede Entscheidung die wir treffen, gehen unsere Gedanken voraus. Der Sündenfall hatte auch zur Folge, dass jede dieser Entscheidungen ein Urteil Gottes nach sich zieht. Dieses Urteil wird auf Grundlage der Gesetzgebung Gottes (der heiligen Schrift) entweder zu unseren Gunsten oder zu unserem Nachteil entschieden. Dieser Vorgang lässt sich sehr gut mit einer Gerichtsverhandlung beschreiben. Wenn ein Fall in einem Gerichtssaal verhandelt wird, gibt es die Möglichkeit auf „schuldig" oder auf„ nicht schuldig" zu plädieren. Wir Menschen stehen vor Gott aufgrund des Sündenfalls erst einmal grundsätzlich als „schuldig" da. Jeder Mensch hat gesündigt und kann deshalb nicht die Herrlichkeit Gottes sehen (Römer 3,23).

Jedoch als Kinder Gottes bitten wir aufgrund des Blutes Jesu, aus der Stellung von Gerechtfertigten. Unsere Bitte erfolgt von einer himmlischen Position heraus (Epheser 2, 6-7) und dies sogar als Söhne, Priester und Könige.

Der himmlische Gerichtsaal Gottes

Gerichts-bestellung	Ausführende Instanz	Bibelstelle
Der Richter	Jesus Christus ist unser aller Richter	Psalm 9, 5+9 ; Römer 8,33
Der Richterpult	Gottes Thron, im 3. Himmel (während wir beten treten wir vor Gottes heiligen Thron)	Matthäus 23,22
Die Gesetzesgrund-lage	Die Gebote Gottes und die heilige Schrift	Jeremia 31,33
Der Gerichtssaal	Unsere Entscheidungen	5. Mose 30,19
Der Freispruch	Erfolgt durch das Blut Jesu das uns gerecht spricht	2.Mose 12,13
Das Gefängnis	Die Hölle	1. Petrus 3,19 ; Jesaja 24,22 Sprüche 7,27
Die Angeklagten	Ich, Du, Wir (Alle Menschen, jeder Sünder)	Römer 2,12

Der Anwalt und Fürsprecher	Jesus Christus ist der Fürsprecher der Gläubigen	1. Johannes 2,2
Der Gerichtsdiener	Der Heilige Geist ist unser Beistand, Fürsprecher, Helfer und Unterstützer	Johannes 14,16-17+26
Die Exekutive	Die Engel Gottes dienen als die ausführende Gewalt (Polizei und Vollstrecker)	Hebräer 1,14
Der Verkläger	Ist Satan, er klagt uns vor Gott 24 Stunden die Woche an	Offenbarung 12,10
Die Zeugen zu unseren Gunsten	Unser Herr Jesus Christus, der Heilige Geist, unsere Brüder und Geschwister im Glauben	Matthäus 18,20 ; Römer 8,26 Johannes 14,26
Die Zeugen der Anklage	Satans Dämonen und Nichtgläubige, unser Egoismus und unsere Sünden	Psalm 27,12 ; Hiob 2,4-5

(Die angeführten Bibelstellen dienen lediglich als Beispiel, es gibt noch viele weitere Bibelstellen, die Zwecks Erhaltung der Übersicht hier nicht angeführt werden).

Vielleicht ist dir bei der Darstellung vom himmlischen Gerichtssaal Gottes aufgefallen, dass es sich bei dem Richter und dem Anwalt um ein und die gleiche Person handelt? Ganz genau, es handelt sich dabei um Jesus Christus, unserem Herrn und Gott, der uns im Gericht Gottes rechtfertigt!

> *Meine Kinder, ich schreibe euch dies, damit ihr nicht sündigt; und wenn jemand sündigt - wir haben einen Beistand bei dem Vater:* ***Jesus Christus, den Gerechten.*** ***1.Johannes 2,1***

> *Denn der Vater richtet auch niemand, sondern das ganze Gericht hat er dem Sohn gegeben;* ***Johannes 5:22.***

Dieser glückliche Umstand bedeutet für uns Gläubigen, dass Anwalt und Richter die Strafe des Urteils, sowie auch deren Gerichtskosten für uns übernommen haben. Denn ohne Jesu Blut sind wir **ALLE** zum Tode verurteilt. **Jesus Christus** hat sich stellvertretend für **dich** auf den elektrischen Stuhl gesetzt und ist für **deine** Übertretungen gestorben, **damit du die Strafe nicht antreten musst und am Leben bleibst!** Dank unseres Herrn Jesus Christus, kämpfen wir von einer wirklich sehr, sehr guten Position aus!

> *Preist den HERRN, denn er ist gut. Denn seine Gnade währt ewig!* ***Psalm 136,1***

Kapitel 5

Die Strategie unseres Gegners

Wie schon erwähnt kennt Satan unser Erzfeind die Gesetzesgrundlage Gottes (die Heilige Schrift) bis ins kleinste Detail. Um uns anklagen zu können muss es allerdings einen Anklagegrund geben. Dazu benutzt er verschiedene Wege wie z.b. den des Unglaubens, der Entmutigung, der Verführung und noch viele weitere. Er muss es erst schaffen uns aus dem Schutzkreis Gottes herauszulocken, um uns effektiv angreisfen zu können. Zusammen gefasst: Wenn wir an Gott und seinem Wort zweifeln, befinden wir uns auf feindlichen Boden. Sobald wir uns allerdings auf feindliches Territorium begeben, schlägt Satan gnadenlos zu!

Unser Widersacher ist sich der Tatsache sehr bewusst, dass Gott um sein Königreich und alle darin Lebenden zu schützen, NIEMALS seine eigenen Gesetze überschreiten wird. Auch uns zur Liebe nicht! Sünde trennt uns nun mal von Gott (Jesaja 59, 1-2), und Satan weiß das ganz genau. Aus diesem Grund ruft er regelmäßig seine Armee zur Beratung an einem Tisch, um eine Strategie gegen jeden einzelnen von uns auszuarbeiten.

Dieser Plan ist immer auf die individuellen Bedürfnisse, Wünsche und Schwächen des jeweiligen Menschen angepasst. Satans Ziel ist ein schnelles und effektives Vorgehen, um den Gläubigen zügig zu Fall zu bringen.

Um seine bösen Absichten und Pläne zu erreichen, hat er sein Königreich exakt nach den Ordnungen Gottes kopiert. So hat auch der Teufel in seinem Wirkungsbereich (Johannes 12,31 ; Epheser 2,2) seine eigene Hierarchie aufgestellt. Diese wiederum sind in Posten, Positionen, Ränge, Aufgaben und Zuständigkeitsbereiche unterteilt. Diese Geister und Dämonen arbeiten sehr strukturiert und organisiert.

Im folgenden zwei unterschiedliche Illustrationen aus christlicher Perspektive was geschieht, wenn wir uns aus dem Schutzkreis Gottes entfernen.

Beispiel 1:

Der lauwarme Missionar

Ein junger Christ ließt in einer Gemeindezeitung einen Bericht der mit dem Aufruf für den Missionarsdienst in Indien endet. Er meint den Ruf Gottes zu hören, denn seit geraumer Zeit ist es sein größter Wunsch dem Herrn zu dienen. Daher meldet er sich für den Dienst an. Unser Missionar hofft neue Menschen kennenzulernen und möglicherweise auch neue Freunde zu finden. Zudem käme er endlich mal aus seinem öden Alltagstrott heraus.

Er freut sich auf die zu erwartenden Abenteuer und darauf endlich eine bedeutende Aufgabe im Leib Christi einnehmen zu können. Allerdings ist er sich über den Einsatz nicht wirklich sicher. Darum wendet er sich im Gebet an den Herrn.

Weil die Antwort aber auf sich warten lässt, beginnt er zu zweifeln, ob es tatsächlich seine Berufung ist als Missionar nach Indien zu gehen. Doch er wischt seine Zweifel und Bedenken mit der Erklärung hinweg, es handle sich um eine Prüfung Gottes, damit er in Demut lerne, und schließlich sei es ja auch ein Dienst an dem Herrn! Er nimmt an das es sich dabei um den Willen Gottes handeln MUSS, sonst wäre ihm die Gemeindezeitung mit dem Aufruf seinem Herzenswunsch entsprechend nicht „in die Hände gefallen".

Wenige Monate später und nach Abschluss aller Vorbereitungen geht es nun endlich auf nach Indien, denn schließlich wird er dort dringend gebraucht!

In Indien angekommen stellt er schnell fest, dass die Mentalität der Hilfesuchenden doch so ganz anders ist als wie er es sich vorgestellt hatte. Da die Armut sehr groß ist, wird er ständig von den Einheimischen um Geld gebeten. Er erlebt das ganze Familien aufgrund von Mangel und Armut tagelang nichts zu Essen haben und hungern. Viel geben kann er selbst nicht, weil auch er auf Spenden angewiesen ist, die er über das Missionswerk erhält. Er spürt, dass er nervlich immer schneller an seine Grenzen kommt, denn nun kommt er täglich mit sehr viel Armut und Elend in einem nicht gekannten Ausmaß in Berührung. Er beobachtet wie Mütter ihre Babys verlieren aufgrund dessen, weil sie die Kosten für die medizinische Behandlung von Infektionskrankheiten nicht bezahlen können. Denn die Devise in allen Krankenhäusern ist: „Nur wer zahlt, wird auch behandelt!"

Er erlebt wie Menschen in einigen Regionen für wenige Cent aufgeschlitzt und wochenlang mit Fliegen übersät am Straßenrand liegen bleiben. Er ist erschüttert über diese Zustände, denn viele Einheimische kümmert es nicht, zudem sind Beerdigungen sehr teuer. Junge Mädchen werden auf den Dörfern vielfach vergewaltigt und keiner setzt sich für sie ein. Und schafft es das Missionswerk doch einmal genügend Geld für die Verfahrenskosten gegen die Vergewaltiger aufzutreiben, wird den jungen Frauen in vielen Fällen kein Recht zugesprochen (Hier sind ganze Mächte und Gewalten am Werk!!). Die dauernde Konfrontation mit Tod, Mord, Krankheit und finanzieller Armut, treibt unseren Missionar in eine tiefe Depression (durch seine Selbstüberschätzung konnte dieser Geist Eintritt erlangen).

Dem Nervenzusammenbruch nahe und fast am Ende seiner Kräfte, wird er wegen einer Blutvergiftung in dem örtlichen Krankenhaus behandelt.

Er ist unter großen Schmerzen und zutiefst verzweifelt. Jetzt da er im Krankenhausbett zur Ruhe kommt, stellt er sich die Frage, weshalb der Herr ihn in ein Land ausgesandt hat, um dort notleidenden Menschen zu helfen und das Evangelium zu predigen, wenn ihm doch dazu die psychische Stabilität fehlt? Erst jetzt, als er den Druck alleine nicht mehr tragen kann, erkennt er, dass es nicht Gottes Wille für IHN war nach Indien zu kommen, sondern sein eigener.

An diesem Beispiel sehen wir, wie es aussehen kann sich außerhalb von Gottes Willen zu bewegen. Es kann mitunter schon ganz schön dunkel und ungemütlich werden, wenn der Feind uns aufgrund unserer eignen Ignoranz seine Armee auf den Hals hetzt.

Und dennoch lassen wir oftmals nicht ab und fragen uns im Nachhinein weshalb Gott „dieses oder jenes" zulassen konnte.. Eine treffende Antwort gibt uns der Herr durch Hesekiel 14,3:

Menschensohn, diese Männer haben ihre Götzen in ihrem Herzen aufkommen lassen und den Anstoß zu ihrer Schuld vor ihr Gesicht gestellt. Sollte ich mich da etwa von ihnen befragen lassen?

Satan kann uns (ganz gleich ob errettet oder nicht) das Leben auf Erden zur Hölle machen, wenn wir es zulassen. Gott lässt es zu wann immer wir uns in Sünde und im Götzendienst befinden (5. Mose 28, 15-69!). Ungeachtet wie fromm unser persönlicher Wunsch sein mag, dem Herrn dienen zu wollen, müssen wir doch prüfen, ob es sich dabei tatsächlich um den Willen Gottes handelt, den wir glauben für unser Leben zu erkennen. Zu gerne geben wir den Willen unseres Fleisches als Gottes Willen aus und nehmen letztendlich die Entscheidungen selbst in die Hand. In der Tat, Satan kann durch unser Fleisch sprechen. Dabei täuscht er uns mit seinen Lügen, die wir bereits aus dem Garten Eden kennen. Diese sind sie wie wir mittlerweile wissen sehr gefährlich!

Sondern Gott weiß, dass an dem Tag, da ihr davon esst, eure Augen aufgetan werden und ihr sein werdet wie Gott, erkennend Gutes und Böses. 1. Mose 3,5

Satan ist folglich in der Lage uns Leid zuzufügen. Wenn wir also erkennen, dass wir ohne eine intensive Beziehung zu Jesus niemals in der Lage sein werden Gutes von Bösem zu unterscheiden, dann werden wir uns viel Leid und viele Enttäuschungen ersparen. Um die Stimme Gottes besser hören zu können ist ein mangelndes Gebets- und Fastenleben nicht förderlich. Dem Widersacher wurden hier durch Eigenwille, Geltungsbedürfnis, Egoismus und Selbstgerechtigkeit die Türen geöffnet. Oftmals sind wir zu blind um zu erkennen, dass die Salbung des Herrn nicht auf dem begehrten Vorhaben liegt. Wenn wir vom Vater keine Antwort auf unser Gebet erhalten und wir uns ur-plötzlich in ausweglosen und beklemmenden Situationen wieder finden, dann sollten wir die Finger von diesem Projekt, dieser Sache oder diesem Menschen lassen! Woran erkenne ich nun das Gott "Nein" zu meinen Plänen und Vorhaben sagt?

Im folgendem 3 Merkmale an denen du deutlich erkennen kannst, dass Gott „Nein" gesagt hat:

1. Die Sache scheint mühselig, alles muss mit großem Kraftaufwand erzwungen werden. Die erzielten Ergebnisse hingegen bleiben dürftig.

2. Man verdreht die heilige Schrift solange, bis sie der gewünschten Situation „zustimmt".

3. Gott wird still. Man bekommt keine Antworten mehr.

Das problematische an der Sache ist, dass wenn Gott still ist, dann sagt er etwas! Oftmals wollen wir diese Tatsache jedoch nicht wahrhaben, dabei müssten wir nur konzentriert und aufmerksam hinhören!

Ein weiteres Merkmal das du dich nicht im Willen Gottes bifindst ist, wenn dich die gewünschte Sache dem Herrn nicht näher gebracht hat, sondern das Gegenteil eintritt, genau wie es bei unserm Missionar der Fall war.

Was war also auf der geistlichen Ebene bei unserem selbsternannten Missionar geschehen?

Der Teufel und seine Dämonen sind nicht omnipräsent (allgegenwärtig) so wie Gott es ist. Um ihr Territorium zu schützen, informieren sie sich gegenseitig durch dämonische Netzwerke. Sobald eine „feindliche Person" darin eintritt sind sie alarmiert. In der Regel ist es die Saalbung, sowie das Feuer des Heiligen Geistes welches den Gläubigen begleitet, dass diese Dämonen nervös macht. Darum werden An- und Abreise, sowie Aufenthalt und Tätigkeiten genaustens dokumentiert und wenn möglich, sabotiert oder sogar verhindert.

Dieses trifft insbesondere bei der Missionsarbeit in anderen Ländern zu. Die Missionsarbeit ist ein sehr wichtiger Baustein im Leib Christi. Das Evangelium muss verbreitet werden, damit noch viele Menschen zum Herrn finden. Wer diesen wichtigen Dienst ausübt, muss von Gott gesalbt und gesandt sein. Zudem muss er die Weisungen des Vaters genaustens befolgen, sodass jedes Geschehen im Einklang mit dem Willen Gottes geschieht.

Wir erinnern uns, dass jeder der sich aus Gottes Willen und Schutzkreis herausbewegt, dem Feind Anrechte (bzw. legale Rechte) überträgt in seinem Leben zu wirken. Geleitet durch das eigene Fleisch, können wir dem Herrn deshalb nicht gefallen (Römer 8,7).

Aufgrund seines falschen Urteilsvermögens und einer mangelnden Beziehung zu Gott, bekam es unser Missionar mit territorialen Geister zu tun (Weltbeherrschern dieser Finsternis). Dabei handelt es sich um Geister die für die Umsetzung von schweren Krankheiten, Kriegen, Korruption und Naturkatastrophen zuständig sind. Nur wer sich im Willen Gottes bewegt, wird solche Herausforderungen durch die Kraft Gottes meistern können. Darum ist es außerordentlich wichtig, in regelmäßiger Kommunikation mit dem Herrn zu stehen, um seine Stimme zu jeder Zeit klar vernehmen zu können, und um seinen Anweisungen und Führungen folgeleisten zu können!

Meine Schafe hören meine Stimme, und ich kenne sie, und sie folgen mir.
Johannes 10,27

Beispiel 2:

Wie der Vater so der Sohn?!

Wie es heutzutage oftmals so üblich ist begegnen sich Mann und Frau und gehen aufgrund von gegenseitiger Anziehung eine Beziehung miteinander ein. Das Pärchen zieht zusammen und heiratet. Jedoch ist diese Verbindung nicht von Gott bestimmt und somit auch nicht von ihm gesegnet. Satan hat demzufolge Anrechte (legale Rechte) in gewissen Lebensbereichen des Paares zu wirken.. Nach kurzer Zeit werden sie Eltern eines kleinen Jungen. Der Feind beginnt Samen der Trennung zwischen ihnen zu säen. Das junge Pärchen wird nun mit Wellen von Wut, Streit, und enttäuschten Erwartungen überschwemmt (Epheser 6,12!!). Der Widersacher nährt diese Samen zusätzlich durch den Verlust des Arbeitsplatzes des Vaters und einer dadurch erzeugten Geringschätzung seiner Ehefrau ihm gegenüber. Dabei verfolgt Satan eine hinterlistige Strategie, denn ER selbst will der geistliche Vater des Jungen sein! Damit er das Kind von klein auf beeinflussen kann, um ihn für seine bösen Zwecke zu steuern, setzt er noch einen oben drauf. Durch Ablehnung und Herabwürdigung wird dem Vater des Jungen nun geistlich der Weg zu seinem Kind versperrt. Familie und Freunde degradieren ihn lediglich zum Erzeuger des Kindes. Der Vater wird durch die negativen Bezeugungen von Freunden und Familie auf der geistlichen Ebene gebunden.

Dieses macht sich dadurch bemerkbar, dass er es einfach nicht schafft, sich um das Kind zu kümmern. Sei es finanziell oder bei der Investition seiner Zeit. Zudem fehlt ihm die erforderliche Kraft und die nötige Liebe, um ausreichend Interesse für das Kind zu entwickeln (auch hier sind gut organisierte und strukturierte Dämonengruppen am Werk!). So wächst das Kind jetzt ohne leiblichen Vater auf und der Geist der Ablehnung wartet auf seinen Eintritt.

Er fühlt sich schuldig für die Trennung seiner Eltern (dabei wissen wir wer für seine Schuldgefühle verantwortlich ist!). In dem Jungen machen sich mit dem Heranwachsen Geister der Ablehnung und Rebellion immer stärker bemerkbar. Da dem Jungen der physische Vater fehlt, fühlt er sich ungewollt und ungeliebt. Noch immer durch den Feind gelenkt versucht er den Verlust und den Schmerz aufzufangen. In dem er sich die „falschen" Freunde sucht und die „falschen" Dinge tut, kommt immer weiter auf Abwege, die ihn schließlich in die Drogensucht und Kriminalität führen. Mittlerweile haben sich die Dämonengruppen (durch weitere Verführungen zur Sünde), noch größeren Zutritt in dem Leben des Jungen verschafft.

Fazit: Weil das Pärchen durch Unwissenheit, Ignoranz und Egoismus seinem eigenem Willen gefolgt ist, und nicht auf Gottes Ratschluss warten wollte, vielmehr die Ehe als „Gottes Willen" erklärt hat, kann Gott die Anklagen Satans nicht zu ihren Gunsten entscheiden.

Der Herr kann seine eigenen Gesetzte nicht überschreiten! Wenn jetzt keine Buße erfolgt, entsteht hier ein Generationskreislauf (dazu im Laufe der Ausbildung später mehr) der durch Missachtung und Übertretung der Gebote Gottes zustande gekommen ist (2. Mose 34, 6-7).

So ist es dann auch nicht verwunderlich, dass der Junge wenn er selbst eines Tages Vater wird, sich der Kreislauf des „Verlassen-und-des-Verlassen-Werdens" weiter dreht (der Geist der Ablehnung ist hier immer noch am Werke!). Dieses geht so lange, bis der Kreislauf gebrochen wird, und die von Satan installierte Wiederholungsschlaufe außer kraft gesetzt wird.

Viele Gläubige machen Jesus nicht wirklich zum Herrn ihres Lebens. Denn dieses beinhaltet neben vielen anderen Dingen ebenso auch die Auswahl des Ehepartners, sowie die komplette Unterwerfung ihres eigenen Willens unter die Herrschaft Jesu. Denn auch Jesus unterwarf sich seinem Vater, indem er den Vater im Himmel bezeugte und ohne Unterlass betete, dass der Wille seines Vaters geschehen möge und nicht sein Eigener!

Vater, wenn du willst, nimm diesen Kelch von mir weg doch nicht mein Wille, sondern der deine geschehe! **Lukas 22,42**

Nur weil Er oder Sie „Christ" ist, heißt es noch lange nicht, dass es sich um eine Beziehung handeln muss, die von Gott gewollt und autorisiert ist.

Beide dieser Beispiele sollen veranschaulichen, dass wenn wir Gott nicht in unsere Entscheidungen miteinbeziehen bzw. nach seinem Willen leben Gefahr laufen, dass alle Beteiligten aufgrund unseres Eigenwillens, Egoismus, Selbstsucht und Rebellion von Satan bestohlen werden (s. Josua 9, die Bundschließung zwischen den Kindern Israels und den Gibeonitern, denn auch bei dem Beispiel vernachlässigten es die Israelieten den Herrn zu Rate zu ziehen. Darum wurden sie von den Gibeonitern stark über das Ohr gehauen!).

Der Feind wird weder an einer geöffneten Tür vorbei gehen, noch wird er freiwillig das Gestohlene zurückgeben. Die Tür muss geschlossen, und das Diebesgut zurückgefordert werden!

Und die Kinder stießen sich in ihrem Leib. Da sagte sie: Wenn es so steht, warum trifft mich dies? Und sie ging hin, den HERRN zu befragen. 1. Mose 25,22

Kapitel 6
die drei wichtigsten Regeln im Kampf

1. Kenne deinen Gott

Als Soldat in der Armee Gottes musst du wissen, wer dein Gott ist. Wer kämpft mit dir an deiner Seite und was sind deine Waffen? Kein Soldat zieht in den Krieg ohne sein Land zu kennen oder an die Grundsätze des Landes zu glauben. Wenn du Gott nicht kennst, oder nicht an ihn glaubst, oder möglicherweise an ihm zweifelst, wie willst du in diesem Krieg bestehen? Wie willst du den geistlichen Kampf gewinnen, wenn du der Person von der du deine ganze Kraft bekommst um zu existieren, nicht vertraust? Du musst wissen wer dein Gott ist. Wie sind seine Eigenschaften, Charakterzüge, Vorgehensweisen usw.? Dazu hat er uns sein lebendiges Wort gegeben. Studiere die heilige Schrift so oft du kannst, und wende sie tagtäglich im Geiste an. Wir wissen das Jesus als er versucht wurde, er mit dem Schwert des Wortes den Feind in die Flucht schlug (Matthäus 4, 1-11 ; Lukas 4, 1-13). So auch wir in der Lage es unserem Herrn gleich zu tun!

Leider wird die Bibel häufig nur als ein „historisches Geschichtsbuch" gelesen, statt sie als Gesetzbuch Gottes (GBG) zu lesen und als einzige Wahrheit anzuerkennen. Die Bibel ist voller Liebe und hält zudem viele Offenbarungen für uns bereit.

Bedauerlicherweise hat der überwiegende Teil der Gläubigen viel mehr Angst vor dem Teufel als vor Gott, dabei steht geschrieben:

Und fürchtet euch nicht vor denen, die den Leib töten, die Seele aber nicht zu töten vermögen; **fürchtet aber vielmehr den, der sowohl Seele als auch Leib zu verderben vermag in der Hölle!** *Matthäus 10,28*

Obwohl die meisten Christen viele biblische Verse kennen, die nicht an der Macht Gottes zweifeln lassen, haben sie dennoch Angst vor dem, was Satan ihnen antun könnte. Sie fürchten sich vor Alpträumen die sie des Nachtens plagen könnten, oder sie haben Angst vor dem Versagen, Angst vor Verlustängsten und Angst vor vielem mehr.

Jesus sagt:

Kommt her zu mir, alle ihr Mühseligen und Beladenen! Und ich werde euch Ruhe geben. Nehmt auf euch mein Joch, und lernt von mir! Denn ich bin sanftmütig und von Herzen demütig, und "ihr werdet Ruhe finden für eure Seelen"; denn mein Joch ist sanft, und meine Last ist leicht. **Matthäus 11, 29-30**

Jesus sagt, dass er gekommen ist, damit wir Leben haben und es im Überfluss haben. Es stellt sich also die Frage weshalb es so vielen Christen immer noch so schlecht geht? Glauben wir nicht stark genug?

Diese Frage muss jeder für sich selbst beantworten, doch wer den Feind genau beobachtet erkennt, dass er mit ausgeklügelten Strategien und listigen Täuschungen gegen uns zu kämpft. Er sorgt dafür, dass wir uns als Verlierer fühlen, dabei hat Gott uns perfekt gegen den Widersacher ausgerüstet. Er hat uns nicht nur alle geistlichen Segnungen (Epheser 1,3) gegeben, sondern auch die nötige Kampfausrüstung die wir in diesem Krieg brauchen (Epheser 6, 11+13-17). Zudem kämpft Gott ganz persönlich an unserer Seite.

Auf der Seite Gottes sind wir in Anzahl und Stärke denen gegenüber überlegen, die gegen uns sind. Wir kämpfen Seite an Seite mit einem mächtigen Hohepriester und Legionen von seinen Engeln.

Wenn Gott für uns ist, wer ist gegen uns?
Römer 8,31

Wenn wir unseren Gott nicht kennen, ist es uns zum größten Nachteil in diesem Krieg. Ein Krieg der noch eine Weile andauern wird, und erst kurze Zeit nach dem 1000 jährigen Reich sein Ende findet!

2. Kenne dich selbst

Du musst wissen, wer du in Gott bist, was ist deine Position in diesem Kampf und was sind deine Aufgaben? Häufig sind wir in einer abscheulichen Weise so stolz und hochmütig, dass wir uns mit unseren eigenen Schwächen und Stärken nicht auseinandersetzten wollen. Es fällt uns weitaus leichter uns mit den Fehlern unseres Gegenübers zu beschäftigen. Der Feind kennt uns besser als wir uns selbst. ER weiß um unsere Stärken und Schwächen, so nutzt er die von ihm gesammelten Informationen gnadenlos gegen uns aus. Er wird genau diese eine bestimmte Sache auf deinen Weg bringen, bei der er gewiss ist, dass sie dich zur Sünde verleiten wird (da, Verführung ist sein Hauptgeschäft ist kennt er deine Schwächen ganz genau..). Wenn möglich, ist sein Ziel dich unwiederbringlich kampfuntauglich zu machen. Durch solch eine gezielte Strategie sind schon viele Männer Gottes gefallen!

Genau das war auch bei Simson der Fall, wir erinnern: Als Israel von den Philistern, den Feinden des Volkes Gottes geknechtet wurde, musste ein geweihter (ein Nasiräer) von Gott erweckt werden, um die Errettung des Volkes herbeizuführen.

Simson war ein auserwählter Gottes. Bereits vor seiner Geburt wurde von Simson gesagt: „Er wird anfangen, Israel aus der Hand der Philister zu retten" (Richter 13,5). Simson blieb durch seine unbezwingbare Stärke für die Philister unbesiegbar. Dies war allerdings nur solange der Fall solange er sein Haupthaar ungeschoren ließ (das war sein großes Geheimnis). Doch seine Schwäche für Frauen, hat die Verheißung Gottes über sein Leben zu Nichte gemacht.

Da sagte Delila zu Simson: Siehe, du hast mich getäuscht und L ü g e n zu mir geredet. Vertrau mir doch jetzt an, womit man dich binden muss!

Richter 16,10

Simsons Schwäche Delila gegenüber kann man auch folgendermaßen übersetzten: Sein Fleisch schrie: **"Füttere mich, damit ich dich zerstören kann!"** Es war keine gute Entscheidung von Simson Delila das Geheimnis seiner Kraft anzuvertrauen. Obwohl er wusste das diese ihn verraten würde, verharrte er weiterhin in Sünde, bis sie ihn schließlich zerstörte. Seine eigene Lust ließ ihn erblinden, denn die wahren Feinde waren nicht die Philister, sondern er selbst. Sein trauriges, jedoch siegreiche Ende, wurde durch seine Lust nach fremden Frauen herbeigeführt (Richter 13-16).

Was war da auf der geistlichen Ebene passiert?

Simson hatte es nicht geschafft sich vom Geist der Verführung, des Zaubers und der Hexerei Delilas zu entziehen. Durch seinen Egoismus und seiner Rebellion gegenüber Gott, wurde er obwohl er ein Gesalbter war, dennoch geistlich blind. Durch Selbstüberschätzung haben Lust und Gier ihn zu Fall gebracht. Seine Gefangennahme war die Manifestation von dem, was sich auf der geistlichen Ebene sich bereits vollzogen hatte.

Wir müssen begreifen, dass der Kampf den kämpfen ausschließlich ein innerer ist, da unser Feind in unserem Innern sitzt (im Fleisch).. Es ist genau dieser gewisse Impuls, diese Emotion, oder diese innere Stimme, die uns zu einer bestimmten Handlung oder Verhalten verleiten will. Wer genau darauf achtet, kann bemerken, dass Satan uns täglich Angebote unterbreitet. Es sind Einladungen die unsere Gedanken, Hoffnungen und Wünschen entsprechen und widerspiegeln. Ob du den Vertrag zustimmst und der Verführung nachgibst oder nicht, liegt ganz allein bei dir. Je enger deine Beziehung zu Gott ist (dazu gehört ganz besonders der Gehorsam Jesaja 50,5 -9) desto schwerer wird es für Satan, dich zur Sünde zu verleiten, geschweige dich anzuklagen. Auf diese geistlichen Vorgänge richten bedauerlicherweise nur die wenigsten ihr Augenmerk. Wir müssen unbedingt lernen, uns kontinuierlich selbst zu beobachten und uns zu sehen, wie die geistliche Welt uns sieht..

Viel angenehemer empfinden wir es über Themen zu sprechen, bei denen wir uns sicher und wohl fühlen. Themen die wir gut kennen (Die sogenannte Milchspeise; Hebräer 5, 12-15 !). Und ganz besonders gerne befassen wir uns mit Dingen über die wir uns erfreuen können.

Unbedacht tratschen und klatschen wir über die neusten Neuigkeiten oder auch Trends der Welt.. Fast täglich lassen wir unbewusst unseren Gefühlen freien Lauf. Ganz besonders wenn die Umstände nicht nach unserer Nase verlaufen, suchen wir den Schuldigen mit 99%tiger Wahrscheinlichkeit im Außen, dabei sitzt der Feind doch ganz woanders..

Wir streiten, selbst wenn wir uns als Christen dabei nicht immer wohl fühlen, aber wie heißt es doch so schön im Volksmund? Ein Streit ist reinigend wie ein Gewitter.. Und wieder gehen wir dem Feind bei solchen Gedankenmustern auf dem Leib.

Denn es steht geschrieben: Wo Neid und Streitsucht herrschen, da gerät alles in Unordnung; da wird jeder Gemeinheit Tür und Tor geöffnet. **Jakobus 3,16 (HFA)**

Von diesem Standpunkt sieht es nicht so gut für uns aus, denn Neid und Eifersucht kennen wir alle. Sei es der Neid auf deinen Arbeitskollegen, der beruflich vor dir befördert wurde, oder der Neid auf den Nachbarn, der sich im Gegensatz zu dir ein neues Auto leisten kann. Aber auch der sogenannte „fromme Neid" auf die Gaben und die Beziehung die andere Glaubensgeschwister zu Gott haben usw.

denn ihr seid noch fleischlich. Denn wenn Eifersucht und Zank **unter euch sind**, *seid ihr da nicht* **fleischlich und lebt nach Menschenweise?** **1. Korinther 3,3**

Und seien wir doch mal ganz ehrlich, wer von uns hat, seitdem er zum Glauben gekommen ist, nicht mehr gestritten? Und doch ist es immer noch der Widersacher der da brüllt, und schaut, ob er dich verschlingen kann (1. Petrus 5,8)!

Das traurige an diesem Verhalten ist nicht nur das wir dem Feind Tür und Tor öffnen, damit er unser Leben zu Grunde richten kann. Nein wir rechtfertigen unsere Vergehen in dem wir sagen: „das sei ja nur menschlich" im nächsten Atemzug bezeugen wir ganz unverfroren, dass wie eine neuauferstandene Schöpfung in Jesus Christus seien. Man könnte diese Einstellung auch als „Ich bin eine neue Schöpfung und muss mich nicht verändern" Bewegung bezeichnen. So eine Denkweise zeigt an, dass wir das unendliche kostbare Blut Jesu, als eine Kreditkarte zum Sündigen missbrauchen. Warum verschwenderisch umgehen mit dem was dir teuer und kostbar ist?

Schon ist aber die Axt an die Wurzel der Bäume gelegt, jeder Baum nun, der nicht gute Frucht bringt, wird abgehauen und ins Feuer geworfen. **Lukas 3,9**

Wir können annehmen, dass kaum ein Christ sich selbst als fleischlich bezeichnen würde, insbesondere wenn er noch in Sünde lebt und keine persönliche Überführung erfährt. Der Feind wird diesen Umstand ausnutzen, und das Augenmerk eines solchen Christen auf die Fehler seiner Umgebung umlenken. Jesus warnt uns genau vor diesen blinden Fleck und bezeichnet so einen Christen sogar als Heuchler (Matthäus 7, 3-5)!

Ein wiedergeborener Christ kann demnach noch fleischlich sein, weil sich sein Geist weiterhin unter der Herrschaft der Seele oder des Leibes befinden kann. Es bedarf einer intensiven und persönlichen Beziehung zu Jesus, damit wir im Glauben wachsen, um ein geistlicher Mensch zu werden. Es scheint allerdings fast so, dass die meisten von uns wissentlich oder auch unwissentlich mehr im Fleisch als im Geist leben.

Ein solcher Mensch ist jemand der Christus zwar als seinen Herrn angenommen hat, aber ständig in der Niederlage lebt, weil er sein Leben selbst bestimmt leben will (in der Regel ist er blind für diese Tatsache). Leider vertraut er Jesus das Lenkrad über sein Leben nicht an. Er versucht das christliche Leben in eigener Anstrengung zu meistern. Für den Feind ist das ein gefundenes Fressen (1. Petrus 5,8).

Dieser Gläubige lebt nach den Maßstäben dieser Welt. Christus ist zwar in seinem Leben, jedeoch sind ihm die Lebensbereiche nicht unterstellt. Deshalb erfährt ein solcher Christ nicht das erfüllte und fruchtbare Leben, dass Gott für ihn bereithält.

Denn die, die nach dem Fleisch sind, sinnen auf das, was des Fleisches ist; die aber, die nach dem Geist sind, auf das, was des Geistes ist. Denn die Gesinnung des Fleisches ist Tod, die Gesinnung des Geistes aber Leben und Frieden, weil die Gesinnung des Fleisches Feindschaft gegen Gott ist, denn sie ist dem Gesetz Gottes nicht untertan, denn sie kann das auch nicht. Die aber, die im Fleisch sind, können Gott nicht gefallen. **Römer 8, 5-8**

Um Gott aber zu gefallen, müssen wir gemeinsam mit ihm eine individuelle Kampfstrategie für unser geistliches Leben entwickeln. Da jeder unterschiedliche Baustellen zu bewältigen hat, muss diese Planung durch eine enge und persönlich Beziehung zum Herrn geschehen.

Ein geistlicher Mensch weiß wer er in Jesus Christus ist. Er kennt seine Stellung, seine Funktion und welches Glied er am Wagen ist.

Als geistlicher Mensch:

- Kennst du deinen Gott

- Weißt du wer Jesus Christus ist

- Kennst du seine Stimme, seinen

  Charakter und seine Vorgehensweisen

- Weißt du ganz genau wer du in Jesus bist

- Bist du angefüllt mit Heiligen Geist

- Unterwirfst du dich seiner Herrschaft

- Wendest du das lebendige Wort (die heilige Schrift) täglich im Alltag an

- Glaubst und vetraust du deinem Herrn und Gott, du stützt dich ausschließlich auf seine Macht und auf seine Kraft in jedem Bereich deines Lebens.

Wenn wir also unsere von Gott gegebenen Waffen optimal nutzen, zudem den Feind beobachten und uns nicht ablenken lassen, dann werden wir zu einem geistlichen Menschen. Dieser ist Jemand, der ständig im Vertrauen auf Jesus Christus lebt. Er ist vom Heiligen Geist erfüllt und geleitet. Er ist nicht mehr länger nur ein Kind Gottes, sondern ein Sohn Gottes!

"Der geistliche Mensch aber weiß alles recht zu beurteilen..." **1. Korinther 2,15**

Die rechtliche Beurteilung steht dem geistlichen Mensch zu, denn er schaut in die geistliche Welt. Durch den Heiligen Geist erkennt er dabei, die wahren Abläufe hinter den Geschehnissen, die dem natürlichen Menschen verborgen bleiben. Dieser Mensch lässt sein Leben von Christus bestimmen. Er hat im Vertrauen Gottes, Vergebung angenommen und unterstellt Christus jeden Bereich seines Lebens. In dieser engen Beziehung zu Gott erfährt er zunehmend ein sinnerfülltes Leben.

Erkenne wer du in Gott bist, und aus welcher Position du in diesem Krieg kämpfen willst!

So sind wir nun, Brüder, nicht dem Fleisch Schuldner, um nach dem Fleisch zu leben; denn wenn ihr nach dem Fleisch lebt, so werdet ihr sterben, wenn ihr aber durch den Geist die Handlungen des Leibes tötet, so werdet ihr leben. Denn so viele durch den Geist Gottes geleitet werden, die sind Söhne Gottes. **Römer 8, 12-14**

3. Kenne deinen Feind

Wir gehen sonntags in die Kirche, lesen wenn wir Zeit haben ab und an mal in der Bibel (Wenn Einige von uns dabei nicht schon einschlafen..). Ein Gebet senden wir hinaus wenn wir etwas von Gott brauchen, oder in Not sind. Und so warten wir auf die Gebetserhörung und die Entrückung bzw. auf die Rückkehr Jesu, denn dann wird alles besser. Schließlich sollen wir durchhalten und ausharren. Im Grunde ist dies schon das ganze Glaubensleben eines Durchschnitts – Christen, und der Widersacher freut sich..

Denn der Feind kennt uns sehr genau, er hat uns viele Jahre lang studiert. Er kennt unsere Vorlieben und Abneigungen, er weiß wann wir morgens aufstehen und wann wir zu Bett gehen. Wer unsere Freunde sind und wer nicht, wen wir lieben und wenn grade nicht, was uns fröhlich, aber auch traurig macht. Wie viel Zeit wir mit Gott verbringen, oder auch wenn wir keine mit ihm teilen..

Und vor allem interessiert ihn WAS FÜR EINE BEZIEHUNG wir zu GOTT haben. Ununterbrochen stehen wir diesbezüglich unter Beobachtung. Wie ist die Art und Häufigkeit des Bibelstudiums? Wenden wir das Wort Gottes täglich an? Gibt es ein regelmäßiges Gebetsleben? Wie reagieren wir in Bedrängnis? Wird gemurrt und gejammert? Wird in Zeiten der Not als allererste Anlaufstelle der Weg zu Gott, oder zum Menschen gesucht?

Kurz gesagt, er kennt alle unsere Schwächen und Stärken. Die Frage die wir uns als geistliche Kämpfer nun stellen müssen ist: Was wissen wir über Satan und seine Kampfstrategien bezogen auf unser alltägliches Leben? Die Antwort darauf ist: Nicht viel, dabei ist es unbedingt notwendig, dass auch wir unseren Angreifer sehr gut kennen! Wir haben die Pflicht, unseren Kriegsgegner regelmäßig zu beobachten und zu observieren. Auch müssen wir seine Stärken und Schwächen kennenlernen, um diese im Kampf angreifen zu können!

Wir müssen den Feind genauso „auskundschaften" wie die Kinder Israels es vor der Einnahme von Kanaan und Jericho taten *(4. Mose13, 1-33 ; Josua 2, 1-24)*.

Sie sandten Kundschafter aus um Gegner, Land und Schlachtfeld besser einschätzen zu können. Auch müssen wir lernen Gott genauso anzunehmen, wie ER ist und nicht wie wir ihn gerne hätten. Es ist an der Zeit zu begreifen, dass Jesus bestimmte Dinge in unserem Leben zu lassen wird bzw. den Feind gewähren lassen wird, wenn wir nicht auf dem schmalen Weg wandeln, oder sogar Gefahr laufen aus der Spur zu geraten!

Denn wen der Herr liebt, den züchtigt er; er schlägt aber jeden Sohn, den er aufnimmt."
Was ihr erduldet, ist zur Züchtigung: Gott behandelt euch als Söhne. Denn ist der ein Sohn, den der Vater nicht züchtigt?
Hebräer 12,6-7

Es ist nicht schön geschlagen zu werden, deshalb wissen wir, dass Gott Bedrängnis nicht zulässt um uns zu schaden. Je besser wir den Herrn kennenlernen, desto stärker werden wir begreifen, dass nicht Satan unser größter Feind ist, sondern unser Fleisch, sowie unser stolzer, bußresistenter, starker Nacken!

Bis zu unserem letzten Atemzug tobt dieser Kampf um unsere Seele, aber Gott kämpft an unserer Seite und hat uns alle Waffen gegeben, die wir brauchen um zu überwinden. Setzen wir sie täglich ein, um unsere sündige Natur sowie unser Fleisch zu bezwingen. Denn nur dann werden wir Satan immer wieder aufs Neue erfolgreich in die Flucht schlagen!

Niemand, der Kriegsdienste leistet,
verwickelt sich in die Beschäftigungen des
Lebens, damit er dem gefalle, der ihn
angeworben hat.

Wenn aber auch jemand am Wettkampf
teilnimmt, so erhält er nicht den
Siegeskranz, er habe denn gesetzmäßig
gekämpft. 2. Timotheus 2 ,4-5

Kapitel 7

Die feindliche Armee

Denn unser Kampf ist nicht gegen Fleisch und Blut, sondern gegen die Gewalten, gegen die Mächte, gegen die Weltbeherrscher dieser Finsternis, gegen die geistigen Mächte der Bosheit in der Himmelswelt. **Epheser 6,12.**

Wir alle kennen diesen Vers, der unsere Gegner eindrucksvoll beschreibt. Wir haben ihn schon oft gehört und kennen ihn recht gut. Dort erfahren wir, dass wir nicht gegen Fleisch und Blut kämpfen, also nicht gegen Menschen wie du und ich. Nun müssen wir uns die Frage stellen: Wenn wir also nicht gegen „aus Wasser und Blut Geborene" kämpfen, gegen wen richtet sich unser Kampf dann genau? Paulus zeigt uns hier die Hierarchie in Satans Königreich auf:

- ➢ Gewalten
- ➢ Mächte
- ➢ Weltbeherrscher dieser Finsternis
- ➢ geistige Mächte der Bosheit in der
- ➢ Himmelswelt

Die nachfolgende Zusammenfassung stützt sich auf Informationen die wir der Heiligen Schrift entnehmen können und auf Zeugnisse und Beschreibungen von Glaubensbrüdern und Geschwistern, die einst für die feindliche Armee tätig waren, und nun zum Glauben an unseren Herrn Jesus Christus gekommen sind. Es gibt keine fundierten oder belegbaren Beweise für die folgenden Informationen.

Die Aufstellung der feindlichen Armee

Satans Königreich ist wie die wenigsten wissen voll strukturiert und bis ins kleinste Detail extrem durch organisiert. Innerhalb der Hierarchie seiner Arme finden wir drei „Spezies": Geister, Dämonen und gefallene Engel. Sie alle sind verschiedenen Rängen, Ämtern und Dienstbereichen zugeordnet. Diese wiederum sind in drei Einheiten aufgeteilt:

1. Die Bodentruppen:

Die Bodentruppen sind dafür zuständig das Land (hier sinnbildlich für unser persönliches Kanaan wie z.b.: geistliches Wachstum, geistliche Segnungen und geistliche Durchbrüche) nicht eingenommen werden kann.

Sie erzeugen u.a. Zweifel und Ängste Gott zu vertrauen, ihm gehorsam zu sein und an seine Verheißungen zu glauben.

Ihr Wirken kommt bereits im (1. Mose 3, 23-24) zu tragen als Eva Gottes Gebote missachtete. Das Ergebnis war der Sündenfall, die sofortige Ausweisung aus dem Garten Eden und der Verlust des Paradieses. Ein weiteres Beispiel findet sich im (4. Mose 13, 30-33), als der Herr den Kindern Israels das Land Kanaan in die Hand gegeben hatte, sie es aber nicht einnehmen konnten bzw. sich von diesen geistlichen Gegnern einschüchtern ließen.

Neben dem sind sie zuständig für die Erzeugung und Aufrechterhaltung von negativen Bündnissen und Flüchen.

Kategorisierung nach Epheser 6,12:

Sie sind Gewalten und Mächte

2. Die Marine:

Die Marine ist extrem boshaft (Hiob 7,12 ; Hesekiel 29,3) und für den Abfall der Menschen verantwortlich. Ihr Ziel ist es den Menschen von Gott weg zu lenken (wenn möglich auf den breiten Weg ; Matthäus 7,13). Sie erreichen dieses neben vielen anderen Verführungen indem sie z.B. weltliche Produkte herstellen, deren Ursprung dämonische Technologien beinhalten. Durch den Besitz und Gebrauch ihrer Produkte erlangen sie Anrechte im Leben des Eigentümers. Auch fällt die Verrohung der Menschen insbesondere durch den Anstieg von Angebot und Nachfrage von Sex und Pornografie in ihren Zuständigkeitsbereich. Die Verderbung durch Peversion ist einer ihrer Hauptexpertise.

Kategorisierung nach Epheser 6,12:

Sie sind Weltbeherrscher dieser Finsternis

3. Die Luftwaffe:

Die Luftwaffe ist unter vielen weiteren Aufgaben verantwortlich für die Verbreitung und Aufrechterhaltung des antichristlichen Geistes (Epheser 2,2). Ihnen unterliegt auch der Ausbau von dämonischen Netzwerken. Sie erlangen dies durch das Internet (World Wide Web) und insbesondere durch soziale Medien (Social Media), Fernsehen und Printmedien. Neben den Ausbau von geistlichen Pfaden und Reiserouten, regelt ihr Zuständigkeitsbereich zudem die Kommunikation unter ihnen selbst.

Auch sind sie für die Transferierung und der Übertragung von Dämonen auf Menschen oder Gegenstand zuständig. Ihre Aufgaben umfassen zudem die Überwachung des Luftraumes (s. Daniel 10, 12-13) und das Ausspannen einer geistlichen Zellophanhülle, welche die Erde umgibt damit die Gebete der Gläubigen zu Gott behindert werden können.

Kategorisierung nach Epheser 6,12:

Sie sind geistige Mächte der Bosheit in der Himmelswelt

Dämonen operieren meist aus Festungen heraus. Eine Festung ist eine militärische Bezeichnung die einen Ort oder ein stark bewachtes Gebiet kennzeichnet[1].

Generell kämpfen sie aus 7 Wurzelfestungen zudem kommen sie kommen gerne in Gruppen und dadurch mit weiteren ihnen verwandten Festungen:

---

[1] Wikipedia Defenition Festung Stand 22.10.2018

1. **Stolz** verwandte Festungen:

Hochmut, Übermut, Eitelkeit, Ruhmessucht

2. **Heimlichkeit** verwandte Festungen:

Lüge, Arglist, Heuchelei, Scheinheiligkeit

3. **Lust** verwandte Festungen:

Götzendienst, Widerspenstigkeit, Habsucht, Habgier, Geiz

4. **Zorn** verwandte Festungen:

Wut, Hass, Vergeltung, Rachsucht

5. **Maßlosigkeit** verwandte Festungen:

Gier, Völlerei, Genusssucht, Ausschweifung, Wollust, Selbstsucht

6. **Neid** verwandte Festungen:

Eifersucht, Missgunst, Bitterkeit, Herzenskälte

7. **Trägheit** verwandte Festungen:

Faulheit, Feigheit, Ignoranz, Ungehorsam

Sechs Dinge sind es, die dem HERRN verhasst sind, und sieben sind seiner Seele ein Gräuel: Stolze Augen (**1**), falsche Zunge und Hände(**2**), die unschuldiges Blut vergießen(**4**), ein Herz, das heillose Anschläge schmiedet (**6**), Füße, die eilig dem Bösen nachlaufen (**3**), wer Lügen vorbringt als falscher Zeuge (**5**) und wer freien Lauf lässt dem Zank zwischen Brüdern (**7**). **Sprüche 6,16-19**

Nun wollen wir uns die vier Kategorien von Dämonen die Paulus in Epheser 6,12 beschreibt und ihren Zuständigkeitsbereich ein wenig näher ansehen.

Die Gewalten

Gewalten sind in ihrer Größe eher kleinere Dämonen. Wir dürfen sie der Gruppe der Geister zuordnen die zuständig sind für: Irritation und Verwirrung. Sie pflanzen u.a. Gedanken der Versuchung. Sie beherrschen die Gedankenbeeinflussung und Mindcontrol. Sie haben nur wenig Macht im Gegensatz zu den anderen Kategorien, jedoch sind sie **gewaltig** in ihrer Anzahl (Millionen an Legionen) und das macht sie sehr gefährlich. Geister benötigen verglichen zu Dämonen keinen Körper um zu operieren. Ihre Aufgabe: Sie sind die Fußkämpfer und Laufburschen, die sozusagen die Schmutzarbeit erledigen. Sie leisten die Vorarbeit für die Mächte und für die Weltbeherrscher dieser Finsternis, damit diese den menschlichen Körper bewohnen können. Sie unterbreiten ihrem Zielobjekt Angebote zu sündigen wie z.b.: zu lügen, zu stehlen oder Ehebruch zu begehen usw.. Geht der Mensch darauf ein, vergibt er damit legale Recht an Satan und ranghöhere Dämonen dürfen sich im Fleisch dieses Menschen niederlassen.

Zu ihrem Aufgabengebiet gehört auch die Überwachung und Observation (Monitoring Spirits) des Menschen. Sie zeichnen jede Tätigkeit sowie, alle Schwächen und jeden Schritt eines Menschen auf.

Bahnt sich ein Durchbruch für einen Menschen an, geben sie Satan Rückmeldung, sodass Gegenmaßnahmen getroffen werden, um diese positive Veränderung zu verhindern. Jeder von ihnen hat sein eigenes Fachgebiet. Es gibt keinen unter ihnen der alles kann, jedoch ist jeder ein Meister in seinem Spezialbereich.

Sie arbeiten nur untereinander in Kooperation und sind den anderen Kategorien absolut unterworfen. Von Augenzeugen die sie im geistlichen Raum gesehen haben wurde berichtet, dass sie sehr hässlich und verformt seien, Kreaturen mit nicht immer symmetrischen Gelenken und monsterhaftem Aussehen ...

Die Mächte

Die Mächte sind stärker als die Gewalten, sie haben verschiedene Machtbereiche, sie sind beispielsweise zuständig für Krankheiten. Zudem besitzen sie die Eigenschaft im menschlichen Körper Epilepsie zu erzeugen, oder vorzutäuschen. Zu ihrer Expertise gehört neben dem Morden, die Ausübung von Brutalität und Sadismus, sowie die Erzeugung von Angst und die Förderung von Selbstzerstörung usw. Sie benötigen einen menschlichen Körper um durch diesen operieren zu können. Sie ernähren sich von negativer Energie (dazu gehört auch das Murren und Meckern sowie die Verbalisierung von Unzufriedenheit, das Empfinden von Hass und Ablehnung usw. Es sind die Art von Geistern die sich als verstorbene ausgeben, oder auch Spuk in Häusern erzeugen. Sie heften sich gerne an Menschen an, um bei passender Gelegenheit (wenn es die Rechtslage erlaubt) zu „springen", wenn sie die Möglichkeit dazu bekommen. Sie können jahrelang in einem menschlichen Körper geduldig „schlummern", bis der passende und günstige Moment kommt, um wortwörtlich „zuzuschlagen". In ihrer Verantwortung steht darüber hinaus jede Art von Sucht, negativer Beeinflussung und selbstzerstörerischen Gewohnheiten. Ferner sind sie zuständig für die Verstrickung, Verkettung, Versklavung und Bewachung von gebundenen Seelen in der geistlichen Welt (Seelengefangenschaften). Sie werden als tierähnliche Kreaturen beschrieben.

Die Weltbeherrscher

dieser Finsternis

Die Weltbeherrscher dieser Finsternis haben unter allen Dämonen die meiste Macht im irdischen Raum. Sie kontrollieren die Mächte und Gewalten. Sie können Menschen besetzten, steuern und durch sie hindurch sprechen (Exorzismus).

Als Jesus den besessenen Geraseners fragt: Was ist dein Name? Und er spricht zu ihm: **Legion** *ist* **mein** *Name, denn* **wir sind viele**. **Markus 5,9**

Aus diesen Versen lernen wir das Dämonen in ihrer Not auch gerne vorlieb mit einem tierischen Wirt nehmen, wenn es keine andere Möglichkeit gibt. Sie wollen unbedingt in einem fleischlichen Körper wohnen. Ob Mensch oder Tier, ist ihnen in ihrer Bedrängnis ausgetrieben zu werden egal. Sie bevorzugen natürlich lieber einen menschlichen Körper, denn Schweine können keine Unzucht treiben, sich dem Drogenrausch hingeben, lügen, betrügen, hassen oder morden.

Dennoch scheinen zweitausend Schweine allemal besser zu sein, als dürre Orte zu durchwandern, wo sie keine Ruhe finden.. (Matthäus 12,43).

Die einzige Freude die sie haben, ist es Übeltaten im menschlichem Fleisch zu erzeugen, da sie gegen Gott nicht mehr rebellieren können (das taten sie bereits im 3. Himmel, deshalb sind sie gefallen). Und weil sie wissen, dass ihr Ende immer näher rückt, haben sie demzufolge auch nicht mehr viel zu verlieren. Ihnen ist außerdem das Wasserkönigreich untergeordnet. Unter dem Meer sind ganze Föderation und Staaten vorhanden aus denen Satan operiert (Hesekiel 28, 1-2+8). Der Herr hat schon bei der Erschaffungsgeschichte Lebewesen unter dem Wasser geschaffen (1. Mose 1, 20-21).

In der Heiligen Schrift finden wir viele Verse, die auf die Existenz von Dämonen unter Wasser hindeutet. In Jesaja 27,1 lesen wir:

An jenem Tag wird der HERR mit seinem harten, großen und starken Schwert heimsuchen den Leviatan, die flüchtige Schlange, und den Leviatan, die gewundene Schlange, und wird das Ungeheuer erschlagen, das im Meer ist.

Hiob 26,5 spricht auch von Schatten unter dem Wasser:

*Vor Gott beben die Schatten **unter dem Wasser und seinen Bewohnern**.*

Einige Verse weiter lesen wir:

Durch seine Kraft hat er das Meer erregt und durch seine Einsicht Rahab (Wahrscheinlich ein urzeitliches Seeungeheuer; hier als Bild gottfeindlicher Mächte) zerschmettert.
Hiob 26,12

Das Wasserreich ist das größte unter dem Wirkungsraum Satans (Jesaja 27, 25-28). Das ist nicht all zu verwunderlich, da Wasser ein sehr wichtiger Lebensbestandteil für uns Menschen ist. Der menschliche Körper besteht zu ca. 60% aus Wasser. Allein unser Gehirn besteht ca. zu 75 – 90% aus Wasser. Der von Wasser bedeckte Teil der Erdoberfläche beträgt ca. 72%. Wasser existiert auf unserer Erde in den verschiedensten Formen wie z.B. aus Regen, Tümpeln, Brunnen, Bäche, Teiche, Flüsse, Quellen, Seen, Meeren und Ozeanen. Wasser spielt für uns Menschen eine sehr große Rolle, denn wir sind davon abhängig und es sichert uns unser Überleben, auf der Erde. Aus 1. Mose 6 erfahren wir, dass der Herr bei der Erschaffung der Erde, das Wasser teilte, sodass selbst über unserem physischen Himmel Wasser vorhanden ist:

Und Gott sprach: Es werde eine Wölbung mitten im Wasser, und es sei eine Scheidung zwischen dem Wasser und dem Wasser!
1. Mose,6

Ob unsere besondere Beziehung zum Wasser der Grund dafür ist, weshalb Wassergeister die boshaftesten unter den Dämonen sind, lässt sich leider nicht beantworten. Zweifellos sind sie die am besten organisierten Geister unter allen Dämonengruppen.

Bei dem Wasserkönigreich handelt es sich um nichts anderes als um die Existenz des „verschollenen" Atlantis[2].

Zeugenberichten von ehemaligen Agenten der feindlichen Armee zugrunde, soll das Hauptquartier des Wasserkönigreichs unter dem Indischen Ozean liegen. Wasserdämonen besitzen die Fähigkeit die Seelen unachtsamer Menschen lebenslänglich im Wasserreich gefangen zu nehmen. Durch Bündnisse die beispielsweise im Traum durch einen sexuellen Akt geschlossen und nicht widerrufen wurden, können sie langfristig ein Menschenleben negativ beeinflussen.

Des weiteren sind Wasserdämonen in der Lage die Finanzen eines Unwissenden bis an das Ende seiner Tage „einzufrieren". Wenn Seelenteile oder in manchen Fällen auch die ganze Seele eines Menschen unter Wasser in Gefangenschaft gehalten wird, macht es sich u.a. daran bemerkbar, dass dieser Mensch sich im Leben ausschließlich im Kreise dreht. Ungeachtet welche Anstrengungen er vollbringt, er kommt einfach nicht voran. Auch schafft er es nicht, aus selbstzerstörerischen Gewohnheitsmustern auszubrechen.

---

[2] Quelle: Kanaan Ministries: The Four Elements (10/2013) Seite 47

Das liegt daran das seine Seelenteile tief in Aufbewahrungscontainern dieser Wassergeister festgehalten werden. Diese äußerst kriminelle Vorgehensweise kennen wir von Voodoopuppen die im geistlichen Raum das Opfer repräsentieren. Diese werden bei okkulten Ritualen oftmals in Särgen vergraben, oder in Kühlfächer eingefroren. Für diesen Menschen bedeutet das im Natürlichen **„rien ne va plus"** (der Begriff stammt aus dem französischen und bedeutet „nichts geht mehr"). Was immer dieser Mensch auch versucht, um aus seiner Not und Bedrängnis heraus zu kommen, wird aufgrund seiner geistlichen Gefangenschaft scheitern. Bei stark traumatisierten, Skrupel- und gewissenlosen Menschen ist davon auszugehen, dass ihnen wichtige Seelenteile fehlen. Dieser Umstand kann Ängste, Gebundenheit, oder auch antisoziales Verhalten hervorrufen.

Solch ein Diebstahl der Seelenteile durch Wasserdämonen geschieht durch Sünde und Rebellion gegenüber Gott. Meist wird der Betroffene im Schlaf beraubt. Der bestohlene Mensch bemerkt es nicht, jedoch bleibt sein Leben solange unbeweglich in den Fängen des Teufels, bis dieser Fluch gebrochen wird und er daraus befreit wird (Hesekiel 13, 20-21 ; Psalm 69, 15-19 ; Psalm 68,23 ; Psalm 71,20 ; Hesekiel 27,13 ; Jesaja 14,17).

Auffällig ist auch, dass nicht gläubige Menschen, die in der Nähe von Flüssen und Meeren leben, starken Angriffen der Meeresgeister ausgesetzt sind. Diese Menschen werden im wahrsten Sinne des Wortes von ihnen „besessen".

Deshalb sammeln sich an solchen Orten regelrechte Sündenoasen. Zu beobachten sind dort ein immenser Alkoholkonsum, Drogenmissbrauch, Prostitution jeder Art, Glücksspiel aber auch Nikotinsucht (Kettenrauchen) usw. Ein Großteil der Menschen die an diesen Orten leben, unterliegen ihrer Lust und ihren Süchten. Hervorgebracht wird die geistliche Sklaverei durch das Wasserkönigreich. Wer schon einmal in einem Strandresort gewohnt hat, dem wird aufgefallen sein, dass sich dort vermehrt Menschen aufhalten, die sich in konstanter Feierlaune befinden und ihre Lust nicht kontrollieren wollen, oder können. Wassergeister sind überdies zuständig für die Erstellung diverser okkulter Produkte (s.Hesekiel 27,33).

Hochmut kommt vor dem Fall ...

Und du, du sagtest in deinem Herzen: "Zum Himmel will ich hinaufsteigen, hoch über den Sternen **Gottes** meinen Thron aufrichten und mich niedersetzen auf den Versammlungsberg im äußersten Norden.
Jesaja 14,13

Satan hätte gerne die Stellung Gottes, da er jedoch nicht im Besitz der Machtstellung Gottes ist, versucht er den Herrn durch die Bedienung von Technologie so gut es nur geht zu imitieren.

Einige Beispiele seiner Nachahmungen:

Gott hat den Menschen erschaffen, dieser muss ua. Essen und Trinken um am Leben zu bleiben = Satans Imitation des Menschen ist das Auto, das Benzin braucht um zu funktionieren.

Gott hat den Fisch erschaffen = Satans Kopie dazu stellt das U-Boot da.

Gott hat den Vogel erschaffen = Satans Nachahmung ist das Flugzeug.

Gott hat die Schlange erschaffen = Satans Duplikat ist die U-Bahn usw.

Weiterhin ist das Wasserkönigreich zuständig für die Herstellung von: Musik, Filmen und Videospielen, Mobiltelefone, Computer, Fernseher, Designerkleidung, Waffen, Autos, Schmuck, Make-up (Frauen wird hier die natürliche Schönheit in dem Ausmaß geraubt, dass viele von ihnen sich „ohne" Make-up bereits nicht mehr unter Menschen trauen).

So gehören Kosmetikartikel und bestimmte Parfums (in Jesaja 3,20 werden diese Riechfläschen auch als „Gehäuse der Seelen" bezeichnet) zu ihrem dämonischen Warensortiment.

Der gewisse Augenaufschlag der verführerischen Frau soll betören und der spezielle Duft dient zur Sinnesvernebelung. Ziel ist es die Aufmerksamkeit eines jeden Mannes von Gott weg zu lenken. Verführung gehört zur Fachkompetenz dieser Wasserdämonen.

Dies ist nicht weiter verwunderlich, da ihr Verantwortungsbereich des weiteren Hexenfähigkeiten und Verzauberungskräfte umfasst die sie ihren Produkten mitgeben.

Mit diesem Hintergrundwissen wird uns klarer, weshalb Paulus sie auch als **Weltbeherrscher dieser Finsternis** bezeichnet, denn sie operieren mächtig im Verborgenem.

Das Erscheinungsbild

Einige dieser Weltbeherrscher der Finsternis haben das Aussehen von Nephilim (den Ausdruck „Nephilim" finden wir im 4. Mose 13,33 ; er bedeutet auf hebräisch Riesen). Bei Nephilim handelt es sich um Menschenhybriden mit sehr starken übernatürlichen Fähigkeiten. Sie sind das Ergebnis der Zeugung von gefallenen Engeln und Menschenfrauen (1. Mose 6,4). Ihr Aussehen gleicht das von Mensch und Tier vereint, wie z.b. die der Zentauren (bzw. Mischwesen aus Pferd und Mensch, oder auch der klassische Meerjungfrau!). Sie sind mit den Figuren der griechischen und römischen Mythologie zu vergleichen wie: Herkules, Hades, Apollon, Zeus, Amor, Diana, Jupiter, Venus und weiteren olympischen Göttern und Halbgöttern.

Doch aus Hesekiel 26, 16-18 wissen wir, dass der Herr, all dem Treiben unter dem Meer ein Ende machen wird, denn es steht geschrieben:

Und alle Fürsten des Meeres werden von ihren Thronen herabsteigen und ihre Mäntel ablegen und ihre buntgewirkten Kleider ausziehen. In Schrecken werden sie sich kleiden, werden auf der Erde sitzen, immer wieder erzittern und sich über dich entsetzen. Und sie werden ein Klagelied über dich erheben und zu dir sagen: Wie bist du verloren gegangen, vom Meer verschwunden, du berühmte Stadt, die mächtig auf dem Meer war, sie und ihre Bewohner, die allen, die dort wohnten, ihren Schrecken einflößte. Nun erzittern die Inseln am Tag deines Sturzes; und entsetzt sind die Inseln im Meer wegen deines Endes.

Die geistigen Mächte der Bosheit in der Himmelswelt

Von allen Dämonengruppen ist diese die einzige Gruppe die nicht irdisch agiert, sondern ausschließlich in der Himmelswelt (bzw. aus dem 2. Himmel heraus).

Sie sind die mächtigsten Dämonen in Satans Armee und sehr boshafte Kräfte. Es sind gefallene Engel, die Gottes Absichten vereiteln möchten. Hier haben wir es mit der obersten Führungsschicht des 2. Himmels zu tun. Alle anderen Dämonen sind ihnen untertan. Es sind die gefallenen Engel von denen wir in (Offenbarung 12,4) lesen. Hier haben wir es mit Satans Elite zu tun. Diese ist autorisiert für das Anzetteln von Kriegen und Weltkriegen.

*Es sind **Geister von Dämonen**, die tun Zeichen und gehen aus zu den **Königen der ganzen Welt**, sie zu versammeln **zum Kampf am großen Tag Gottes, des Allmächtigen**. Offenbarung 16,14*

Neben der Erzeugung von Spaltung und Konflikten zwischen Staatsoberhäuptern, unterliegt ihnen zudem der Machtbereich der Korruption und Manipulation von Regierungen. In ihren Zuständigkeitsbereich fallen u.a. die Ausbeutung ganzer Länder und Kontinente, die Erzeugung von weltweiter Armut, Dürre, zerstörte Ernten und Hungersnot. Desweiteren unterliegt ihnen die Administration der Umweltzerstörung, vermehrter Handel mit Narkotika, Pornografie und Sexhandel, zunehmender Abtreibungen und Kindersklaverei usw.

In ihren Verantwortungsbereich steht zudem die negative Beeinflussung von Kirche und Gemeinde, wie das Einschleusen von Irrlehren und falschen Propheten und Predigern (Philipper 3,2), Spaltung der Kirche durch falsche Lehrmeinungen, Förderung der finanziellen Armut von Gemeinden, Imitation von Gottes Wundern und Zeichen (2. Mose 7, 10-12).

Ihr Äußeres gleicht menschlichen Riesen mit gutem Aussehen und athletischer Form. Sie herrschen über gesamte Kontinente und Länder und werden auch als Fürsten und Könige bezeichnet.

Im Buch Daniel Kapitel 10 lesen wir das Daniel fastete und betete, doch dauerte es 21 Tage bis der Engel vom Herrn ihm eine Antwort auf sein Gebet brachte.

Aber der Fürst des Königreichs Persien stand mir 21 Tage entgegen. Und siehe, Michael, einer der ersten Fürsten, kam, um mir zu helfen, und ich wurde dort entbehrlich bei den Königen von Persien. **Daniel 10,13**

Wir sehen an diesem Beispiel, dass diese geistigen Mächte der Bosheit in der Himmelswelt keine Gelegenheit auslassen Widerstand gegen Gottes Absichten zu üben. Ein böser Engelsfürst hat im Himmel die Kraft, die Ausführung des Auftrages Gottes zu verzögern, jedoch nur weil Gott es zu lässt. Einer der Gründe weshalb Gott es zulässt könnte sein, damit wir Einsicht und Kenntnisse erlangen für genau diese Vorgänge, die vor unserem physischen Augen in der Regel verborgen bleiben. Der Teufel versucht mit seinen bösen Mächten das Herrschafts- System Gottes nachzuahmen. Der Fürst Persiens ist ein Engel, aber auch Erzengel Michael wird Fürst genannt. Es gibt also ganze Hierarchien von Engeln, die der Herr Jesus geschaffen hat. Der Teufel ahmt dem nach indem er seine Dämonen-Hierarchien voll organisiert und strukturiert. Der Verantwortungsbereich eines solchen „Fürsten" kann eine einzige Person betreffen, aber auch ganze Stadtviertel, Städte, Länder und Kontinente. Schaut man sich die Länder die Götzendienst durch Verehrung von Göttern oder Zauberei betreiben genauer an, wird einem auffallen, dass diese Länder häufig gegen starke Armut, Verfall und Korruption zu kämpfen haben. Aus geistlicher Sicht ist der Grund dafür die Übertretung der Gebote Gottes (2. Mose 20, 3-4). Diese Länder leben weder im Einklang noch nach dem Willen Gottes.

Die Betreibung von Götzendienst der meist stark in der Kultur dieser Länder verankert ist, gestattet Satan und seinem Gefolge volles Wirkungsrecht über diese Länder und Regionen. Diesen Mechanismus erkennt man allerdings nur wenn man die geistlichen Gesetzte versteht und achtet.

In Offenbarung 9 lesen wir von einem Engel der König des Abgrundes ist. Sein Name ist auf hebräisch Abaddon, im Griechischen trägt er den Namen Apollyon. Ihm sind alle Dämonen in Satans Königreich untergeordnet. Er ist der letzte in der Hierarchie Satans. Abaddon ist auch gleichzeitig der tiefste und dunkelste Teil des Abgrundes.

Ana Méndez beschreibt in ihrem Erfolgsbuch *„Regions of Captivity"*, diesen Zuständigkeitsbereich folgendermaßen:

„Der Teufel zerstört von dort aus Heime, Leben, Dienste und ganze Städte von diesem finsteren Ort. Der Tod von Millionen von Babys wird von dort aus geplant und ausgeführt. Der Entwurf von Terrorismus wird im Abaddon geschmiedet. Krieg, Genozide, das Vergießen von unschuldigem Blut, sowie Naturkatastrophen wie Erdbeben und Hurrikane haben dort ihren Ursprung[3]."

Am Ende der Spitze der feindlichen Armee steht unser Erzfeind Satan selbst, Luzifer der Teufel, Prinz der Dunkelheit und der Luft, der gott dieser Welt, Meister der Täuschung, Führer der jetzigen Welt und des religiösen Glaubenssystems, sowie der Pharao des ökonomischen politischen Weltsystems.

Siehe, ich habe euch die Macht gegeben, auf Schlangen und Skorpione zu treten, und über die ganze Kraft des Feindes, und nichts soll euch schaden. **Lukas 10,19**

---

[3] Aus dem englischen ins deutsche übersetzt aus: Ana Méndez, Regions of Captivity – One of the Most Powerful Ways to Be Delivered, Destiny Image Publishers 2016 , S. 149

Satan wird in der Heiligen Schrift neben vielen anderen Namen auch als die alte Schlange bezeichnet (Offenbarung 20,2+12,9). Wir brauchen uns nur die Eigenschaften einer Schlange einmal anzuschauen um zu erkennen, wie auch unser Feind operiert:

- Schlangen greifen Menschen an, wenn sie sich bedroht fühlen.
- Wenn sie angreifen dann nicht langsam, sondern (bis auf wenige Ausnahmen) immer blitzschnell.
- Schlangen können Erschütterungen sehr gut wahrnehmen.
- Kommt ihnen jemand zu nahe, fangen einige Schlangenarten an zu zischen.
- Sie stellen sich auf (um ihr Gegenüber zu ängstigen), um dann blitzschnell zuzuschlagen.
- Schlangen sind sehr gute Riecher, eine Schlange bemerkt deine Anwesenheit lange, bevor du es tust.
- Sie sind gut im Vortäuschen. Die Königskobra z.B. drückt sich platt und richtet sich auf, damit sie größer aussieht (ein Zeichen, das sie aufgeregt ist ...).
- Eine Fuchsnatter die sich bedroht fühlt „rasselt" mit dem Schwanz (macht Lärm zur Einschüchterung).
- Eine Boa erstickt ihr Opfer. Sie drückt so lange zu, bis es keine Regung mehr gibt.

- Schlangen besitzen einen hoch empfindlichen Wärmesensor, diesen nutzen sie für ihren nächtlichen Beutefang.

- Das Einzige, dass eine Schlang tut, ist essen, töten und sich vermehren.

- Tote Klapperschlangen beißen sogar noch nach ihrem Tod. Da sie auf Körperwärme reagieren, können sie bis zu einer Stunde nach ihrem Tod noch zuschnappen.

Noch ein Grund mehr weshalb es unerlässlich ist unser Fleisch zu kreuzigen, denn totes Fleisch kann nicht angegriffen werden!

Das Wissen um diese Eigenschaften des Feindes, kann uns in unserem geistlichen Kampf sehr nützlich sein. Im Kampf haben wir es häufig (in unterschiedlicher Intensität) mit den ersten beiden Dämonen-Gruppen zu tun: Den Gewalten und den Mächten. Menschen die im Befreiungsdienst tätig sind, kommen im direkten Kampf auch schon mal mit der 3. Gruppe, den Weltbeherrscher dieser Finsternis in Kontakt.

Wie schon erläutert hat jeder Dämon seinen eigene Aufgaben- und Machtbereich und Funktion. Ihre Größe variiert je nach Art und Rang von einem kleinen Insekt wie z.b. einer Ameise bis zu einem mehrstöckigen Hochhaus.

Die Agenda ist immer die Zerstörung des Menschen (Johannes 10,10). Sie sind ununterbrochen in unserer Gegenwart, um darauf zu achten wie wir leben. Ganz besonders lauschen sie unseren Äußerungen! Aus diesem Grund müssen wir auf unsere Worte achtgeben, wenn wir negative Bekenntnisse machen, wie z.B.:

- Ich werde niemals heiraten
- Ich bin dumm
- Keiner liebt mich
- Ich werde einfach nicht gesund
- Nur vom Anschauen des Essens werde ich schon dick
- Immer werden nur Andere beschenkt

- Ich kann einfach keine Arbeit finden
- Wie lange soll ich denn noch warten, da kann ich ja warten, bis ich grün werde usw.

Mit solchen Aussagen tun wir uns nichts Gutes, denn bei dieser Art von Bezeugung stehen unsere Gegner schon bereit, um den anderen in ihrem Bataillon das Zeichen zum vorrücken zu geben. Durch unsere negativen Aussagen haben sie nun legalen Grund erhalten, uns beim Herrn erfolgreich anzuklagen zu dürfen.

Wenn wir solche Dinge aussprechen geraten unsere Gebete die bereits vom Herrn erhört, beantwortet und auf dem Weg der Manifestation sind ins Stocken. Mit der Zeit werden sie sogar ganz abgebrochen.

Sie werden beendet nicht weil Gott nicht möchte das dein Herzenswunsch erfüllt wird, sondern weil du durch deine **eigenen** Worte deinen Unglauben bezeugt hast (Matthäus 12,37!). Du bestätigst damit vor der sichtbaren, sowie vor der unsichtbaren Welt, dass du nicht daran glaubst, dass es noch geschehen wird. Mit dieser von dir ausgestellten Einverständniserklärung geht der Feind nun vor Gottes Thron um dich wie so häufig zu verklagen. Die Anklageschrift lautet dann wie folgt: „siehst du Gott, der glaubt ja selbst nicht mal daran das du es erfüllen wirst"...

Damit hast du selbst Satan autorisiert die Arbeit, die Gottes Engel aufgrund deiner Gebete begonnen hatten, wieder nieder zu reißen. Jesus hat während seiner Zeit auf Erden ununterbrochen deutlich gemacht, wie wichtig unser Glauben ist, und was für eine Kraft in unserem Glauben liegt (s. Lukas 7,9, Matthäus 21,21, Römer 10,9)!

Er aber spricht zu ihnen: Wegen eures Kleinglaubens; denn wahrlich, ich sage euch; wenn ihr Glauben habt wie ein Senfkorn, so werdet ihr zu diesem Berg sagen: Hebe dich weg von hier dorthin!

*und er wird sich hinwegheben. Und **nichts wird euch unmöglich sein.***
Matthäus 17, 20-21

Die Berge von denen Jesus hier spricht, sind die Hindernisse, die wir uns selbst durch unsere negativen Glaubensbezeugnisse in den Weg stellen.

Jesus sprach viel über den Glauben, denn er wusste ganz genau über den Stellenwert und die Notwendigkeit der benötigten Glaubenskraft, um auf Erden bestehen zu können. Nach dem er einen Menschen geheilt hatte, machte er unmissverständlich klar, dass es der Glaube sei der ihn geheilt hätte (Markus 10,52). Jesus hat uns immer wieder drauf hingewiesen, dass unser Glaube für unser Heil notwendig ist (Markus 9,23 ; Lukas 8,50).

Unser Glaube ist für das Wirken Gottes zwingend erforderlich! Durch das Zweifeln (Jakobus 1, 6-8) und die Missachtung des Wort Gottes, überschreiben wir unsere Rechte an den Gegner. Auch hier begegnet uns das gleiche Prinzip wie im Garten Eden, als an dem Wort Gottes gezweifelt wurde.

Die Engel Gottes die der Herrn ausgesandt hat, um deiner Bitte (wenn sie im Willen Gottes lag (1. Johannes 5,14) nachzukommen, müssen nun aufgrund deiner negativen Bekenntnisse abgezogen werden. Denn nach wie vor kann Gott kann seine eigenen Gesetzte nicht brechen! Stattdessen wird Satan augenblicklich deine Wünsche, mit seinen eigenen Plänen austauschen. Das geht so lange, bis du ihm die Rechte dazu wieder entziehst! Deshalb solltest du tagtäglich das Wort Gottes und deine Gebete im Glauben bezeugen und daran festhalten!

Dann rührte er ihre Augen an und sprach:
Euch geschehe nach eurem Glauben!
Matthäus 9,29

Die 7 Hauptangriffsziele des Feindes

- ➤ Dein Glauben und deine Beziehung zu Gott
- ➤ Deine von Gott gegebene Zukunft und Bestimmung
- ➤ Dein Same (Nachkommen und Generationen)
- ➤ Deine Gesundheit
- ➤ Deine Ehe und Familie
- ➤ Deine Finanzen
- ➤ Deine Ruhe und dein Friede

Satans Ziel ist es zu stehlen, zu schlachten und zu verderben (Johannes 10,10).

Um seine Beute ergebnisreich angreifen zu können, sendet er nur die Dämonen aus, die auf dem Gebiet spezialisiert sind, in dem dieser Mensch seine Schwächen hat. Versagen seitens seiner Armee wird nicht geduldet. Dieses wiederum bedeutet, dass wenn ein Auftrag nicht ausgeführt werden kann, dieser Dämon bestraft wird.

Sie sind angewiesen so viel Schaden und Verstrickungen wie möglich im Leben eines Menschen zu erzeugen. Ziel ist es, diesen Menschen mit hoher Garantie in die Hölle zu bekommen. Sie rühmen sie jedes Unheils (ganz gleich wie klein er ist !!). Sie stehen gegenseitig in einem andauernden Wettstreit, bei dem es darum geht wer den meisten Schaden, das boshafteste Leiden oder auch den großten Schmerz im Leben eines Menschen erzeugen konnte. Sie mögen sich gegenseitig nicht, doch gegen uns Menschen sind sie vereint (Markus 3, 25-26), denn ihr Kampf gilt Fleisch und Blut. Die Gründe weshalb Dämonen einen Menschen besetzten, oder sich ihm anhaften sind unterschiedlich:

- Sie wollen die Mission Satans erfüllen (Johannes 10,10)

- Sie begehren einen Körper, um ihre bösen Gelüste ausleben zu können, denn sie nähren sich von uns durch: Lust, Anbetung, Eifersucht, Rage, Blut, Mord,Tod usw. (Lukas 11, 24-26 und Matthäus 12, 43-45)

- Sie stehen in Feindschaft zum Menschen und hassen ihn abgrundtief (1. Mose 3,15)

- Je mehr ein Mensch mit Dämonen angehäuft ist, (Offenbarung 9, 3-5) desto stärker wirkt die Anziehungskraft, und die damit verbundene Unterwerfung unter des Antichristen (hier greift u.a. auch das physikalische Phänomen des Magnetismus jedoch auf der geistlichen Ebene).

- Einer der Hauptgründe weshalb Gott es zulässt das Dämonen in den Körper eines Menschen eintreten dürfen, ist es Gericht über diesen Menschen zu bringen.

Dafür finden wir einige Beispiele in der Heiligen Schrift, wie z.b.:

- Als König Saul von einem bösen Geist geängstigt wurde (1. Samuel 16:14)

- Als ein Lügengeist durch Ahabs Propheten sprach (2. Chroniken 18,19-22)

- Als eine schwere Krankheit über Joram kam (2. Chroniken 21, 12-15).

Alle 4 Kategorien der feindlichen Armee arbeiten am effektivsten verdeckt.

In der Menge stehen sie den Engeln Gottes $\frac{1}{3}$ zu $\frac{2}{3}$ gegenüber, was bedeutet die Engel Gottes sind in ihrer Anzahl doppelt so hoch, wie die der Dämonen (Offenbarung 12,4). Satan hat jeder Person, Familie, Blutlinie, Gemeinde, Nachbarschaft, Stadt, Land und Kontinent seine Gewalten zugeordnet. Je größer und stärker das Gebiet bzw. die Gefahr, die für Satan von diesen Menschen, oder von diesem Territorium ausgeht, desto mächtiger Satans Gewalten, die er diesen Menschen, Gruppen, Organisationen, Gemeinden und Orten zugeordnet hat.

Die Gefahr für Satan zeigt sich durch Aufstellungen dieser Menschen und Gebiete die folgende Atribute aufweisen wie z.B.:

- Einen starken Glauben
- Eine enge Beziehung zu Gott
- starke Gebetskrieger
- zielstrebige Faster
- regelmäßiges Bibelstudium
- Eine ausgeprägte Fähigkeit der Geisterunterscheidung
- unerschütterlicher Mut & Furchtlosigkeit
- geistlich statt fleischliche gesinnte Christen
- Das Ausleben eines kraftvollen und lebendigen Evangeliums usw. (s. Markus 3,27!)

Um diese Gebiete zu kontrollieren, setzt Satan folgende Gewalten ein, die wiederum durch Weltbeherrscher gesteuert werden:

Level 1	Level 2	Level 3
Lüge	Götzendienst	Hass
Täuschung	Armut	Zorn
Gesetzlichkeit	Korruption	Gewalt
Diebstahl	Angst	Hexerei
Gier	Unzucht	Mord
Stolz	Sklaverei	Tod

Schätzungen zur Folge kann ein Mensch durchschnittlich bis zu sieben Dämonen innewohnen (Lukas 8,2). In den meisten Fällen sind es jedoch mehr. Je nach Lebenswandel und Türen die wir ihnen durch Sünde geöffnet haben, können es im extrem Fall auch schon mal Legionen sein (Markus 5, 14-15).

Ihr seid aus Gott, Kinder, und habt sie überwunden, weil der, welcher in euch ist, größer ist als der, welcher in der Welt ist.
1. Johannes 4,4

Kapitel 8

Die Waffen des Feindes

Die Top 9 Angiffs-Waffen Satans

1. Angst

Denn Gott hat uns nicht einen Geist der Furchtsamkeit (der Mutlosigkeit; der Feigheit) gegeben, sondern der Kraft und der Liebe und der Zucht. **2. Timotheus 1,7**

Die Fußarmee der Finsternis ist der Geist der Angst. Sie übernimmt den größten Teil des Kampfes. Furcht hat die Eigenschaft zu lähmen und zu blockieren ähnlich wie es beim Gift einer Schlange der Fall ist.

Schlangentoxine legen unter anderen Symptomen das menschliche Nervensystem lahm. Wenn wir vor Angst bewegungsunfähig werden, sind wir auch kampfunfähig.

Jeder von uns war in seinem Leben schon an einer Stelle, bei der er so stark mit Angst angefüllt war, dass er nicht mehr klar denken konnte. Ein Zustand bei dem du den Eindruck hast diese schwere Hürde, die sich vor dir aufgetan hat, nicht zu überwinden zu können.

Interessanterweise vergessen wir während solcher Herausforderungen alle positiven und stärkenden Erlebnisse die wir mit dem Herrn erleben durften.

Auch werden wir schnell ungeduldig und beginnen zu zweifeln, ob Jesus uns auch dieses Mal aus dem Wasser ziehen wird.

Als er aber den starken Wind sah, **fürchtete er sich***; und als er* **anfing zu sinken,** *schrie er und sprach: Herr, rette mich!* **Sogleich aber streckte Jesus die Hand aus,** *ergriff ihn und spricht zu ihm:* **Kleingläubiger, warum zweifeltest du?**

Matthäus 14, 30-31

Wir alle haben von Zeiten Ängste. Diese rühren aus vergangenen Erfahrungen die aus dem Mangel an Vertrauen zu Gott entstanden sind. Viele Menschen beschreiben Angst als eine Emotion, dabei sagt die Schrift ganz klar und ausdrücklich, dass es sich dabei um einen Geist handelt (2. Timotheus 1,7). Das Empfinden von Angst ist auch ein klare Beweis dafür, dass der Geist der Angst in unserer Seele anwesend ist.

Wenn wir Angst verspüren ist es ein Hinweis, dass der Feind uns just in diesem Moment ganz nah ist und das wir ein nicht geringes Stück vom Herrn abgerückt sind. Um Gott wieder näher zu kommen, können wir z.B. in den Lobpreis eintauchen (Psalm 149,6) und in die Kriegsführung treten in dem wie beispielsweise beten:

Himmlischer Vater,

im Namen Jesus Christus,

verfluche ich den Geist der Angst und befehle, dass er umgehend durch das heilige Feuer des ewigen Gottes verzehrt wird, denn mein Herr hat mir keinen Geist der Furcht gegeben!

In Jesu Namen widerrufe und lehne ich ab, jedes Bündnis das ich mit dem Geist der Angst in meinem Leben abgeschlossen habe.

Ich erkläre und bezeuge, dass jede Zustimmung die ich dem Geist der Angst abgelegt habe, im Namen Jesus Christus und durch die Kraft Gottes, auf ewig gebrochen und vernichtet wird.

In Jesu Namen Amen!

und der Friede Gottes, der allen Verstand übersteigt, wird eure Herzen und eure Gedanken bewahren in Christus Jesus.
Philipper 4,7

2. Entmutigung

Der Feind wird jede Gelegenheit nutzen dich an deine sündige Vergangenheit zu erinnern. Er wird dir Gedanken einflößen, dass du nicht gut genug bist. Dass du der Liebe Gottes nicht würdig bist, dass „Ausharren" nur etwas für sehr starke Gläubige sei usw.

Er will das du dein Augenmerk auf die Fehler richtest, die in der Vergangenheit liegen. Selbstbeschuldigungen sind Satan weitaus dienlicher als das du dich auf die Verheißungen Gottes und die Dinge die der Herr für dich bereit hält konzentrierst. Die Taktik die Satan hierbei verfolgt, ist Hoffnungslosigkeit statt Glaube.

Wie gesagt, meine lieben Brüder und Schwestern, ich weiß genau: Noch bin ich nicht am Ziel angekommen. Aber eins steht fest: Ich will vergessen, was hinter mir liegt, und schaue nur noch auf das Ziel vor mir.

Mit aller Kraft laufe ich darauf zu, um den Siegespreis zu gewinnen, das Leben in Gottes Herrlichkeit.

*Denn dazu hat uns Gott durch **Jesus Christus** berufen. **Philipper 3, 13 - 14***
(Hoffnung für Alle)

3. Spaltung

*Zwei sind besser daran als ein Einzelner, weil sie einen guten Lohn für ihre Mühe haben. Denn wenn sie fallen, so richtet der eine seinen Gefährten auf. Wehe aber dem Einzelnen, der fällt, ohne dass ein Zweiter da ist, ihn aufzurichten! Auch wenn zwei beieinander liegen, so wird ihnen warm. Dem Einzelnen aber, wie soll ihm warm werden? Und wenn einer den Einzelnen überwältigt, so werden doch die zwei ihm widerstehen; und eine dreifache Schnur wird nicht so schnell zerrissen. **Prediger 4, 9-12***

Eine Kalkulation Satans die fast immer funktioniert ist die Spaltung. Insbesondere zwischen Geschwistern muss er die Einheit zerstören, denn wo Einheit ist, da ist auch die Moral viel höher. Denn genau dann entstehen Ideen , Verantwortung wird übernommen und Ermutigung findet statt. Wenn er es schafft Zerwürfnis zu säen indem wir beispielsweise unser Umfeld, wie z.b. unsere_n EhepartnerIn, unsere Familie oder unsere Freunde als Feinde erklären (Missachtung von Epheser 6,12!), dann war Satans Plan wider einmal sehr erfolgreich.

Das Kalkül ist die Vereinsamung, sodass wir uns allein fühlen. Er weiß sehr wohl, dass Isolation die Türen zur Versuchung öffnet. Geben wir dieser Versuchung nach, wird unser Potenzial limitiert und eingeschränkt, was wiederum ein noch weiteres Absinken in die Einsamkeit und Zurückgezogenheit zur Folge hat.

Ein wahrer „Teufelskreis."

4. Zweifel

Wer aber beim Essen zweifelt, ob es richtig ist, was er tut, der ist schon verurteilt. Denn er handelt nicht im Vertrauen auf Christus. Alles aber, was wir nicht in diesem Vertrauen tun, ist Sünde. Römer 14, 23

Der Feind kennt dieses Gesetz Gottes nur zu gut, deshalb hat er großes Interesse daran, so viele Zweifel wie nur möglich in unser Glaubensleben hinein zu säen.

Er will das du an Gottes Liebe und Anwesenheit in deinem Leben zweifelst.

Bei Gläubigen versucht er sehr viel Unruhe und Zweifel zu erzeugen, mit dem Ziel das diese beginnen an dem Wort Gottes zu zweifeln und es permanent hinterfragen.

Ungläubige hingegen überschüttet er mit Sorglosigkeit, Frieden, Unbekümmertheit und Bequemlichkeit, um sie nach seinen Plänen im Hamsterrad des falschen Segens und guten Gewissens gefangen zu halten.

Hat Gott wirklich gesagt? (1. Mose 3,1), auf diese Art schaffte Satan es Zweifel in Evas Gedanken zu säen. In dem sie das Verbot Gottes hinterfragte, gelang es ihm sie zu verwirren, um sie in einen Dialog zu verwickeln, den sie schlußendlich verlieren würde.

Genauso war es ihm möglich durch Zweifel, Ungehorsam in ihr hervorzurufen und infolgedessen, Sünde und Verdammung der gesamten Menschheit herbeizuführen. Wir sollen glauben der Herr hätte uns verlassen. Dabei sollten wir als wahre Kinder Gottes wissen, dass uns nichts von der Liebe Gottes trennen kann **(Römer 8, 35)!**

Zweifelsohne schafft der Widersacher uns glaubhaft zu machen, die Verheißungen Gottes würden für uns nicht gelten. Möglicherweise zweifeln wir von Zeiten an unserer Heilsgewissheit. Oder es kommen Gedanken auf, wir hätten zu viel zerstört, als das der Herr uns für seine Pläne gebrauchen könnte. Der Feind bedient sich unermüdlich daran uns an Gottes mächtige Kraft zweifeln zu lassen.

Er zweifelte nicht, sondern vertraute Gottes Zusage. Ja, sein Glaube wurde nur noch stärker. Er gab Gott die Ehre. **Römer 4, 20**

So lange wir zweifeln können wir vom Herrn nichts empfangen. Wenn du eine Idee für ein Projekt hast, will Satan das du denkst der Erfolg deines Vorhabens sei ganz alleine von dir abhängig.

Wenn wir es zulassen wird er Bedenken in uns aufsteigen lassen, die uns anzweifeln lassen, dass der Herr tatsächlich für uns sorgen kann. Dabei merken wir nicht das wir Satan damit in die Falle gegangen sind. Denn wenn wir an Gottes Charakter zweifeln, zweifeln wir automatisch auch an Gottes Liebe zu uns.

5. Unzufriedenheit

Du sollst nicht das Haus deines Nächsten begehren. Du sollst nicht begehren die Frau deines Nächsten, noch seinen Knecht, noch seine Magd, weder sein Rind noch seinen Esel, noch irgendetwas, was deinem Nächsten gehört. **2. Mose 20, 17**

Bei dieser Technik verleitet dich der Widersacher deiner Seele Vergleiche anzustellen, indem du pausenlos dein Leben mit dem der Anderen gleichsetzt oder beurteilst. Du ziehst Vergleiche über:

Ehe, Familie, Gemeindewachstum, Karriere, Finanzen, Besitz, Bildung, Schönheit, Talente & Fähigkeiten usw.

Internetnetzwerke und soziale Medien vereinfachen das Vergleichen zudem noch. Plattformen bei denen teure Errungenschaften und Besitztümer, die aktuellsten Urlaubsbilder, sowie alle Abnahmeerfolge auf der Körperwaage öffentlich dokumentiert und geteilt werden, sind mittlerweile nicht mehr wegzudenken.

Der Teufel ist mit der Sachkenntnis vertraut, dass ständiges Vergleichen den Wunsch hervorruft, genau den Platz einnehmen zu wollen, der einem anderen gehört. Dabei lockt der Feind ganz bewusst mit dem Gedanken, es gäbe ein anderes bzw. ein besseres Leben für dich. Ein Leben das du begehrst und das dir zusteht. Dazu gehören auch falsche Visionen, Vorstellungen und Gedankenbilder die er in uns hinein pflanzt.

Derartige Gedankenmuster bringen uns in eine Haltung der Unzufriedenheit, was wiederum sehr gefährlich werden kann, denn Gott hasst es wenn seine Kinder murren (s. Psalm 95, 8-11). Durch Emotionen der Eifersucht und des Neides bezeugst du (unwissentlich), dass der Herr ungerecht sei. Damit erklärst du, dass er eine ungerechte Verteilung gemacht hätte, denn schließlich müsste es dir viel besser gehen und du müsstest in dem Besitz von diesem oder jenem sein usw.. Dabei sollte vielmehr unser Ziel sein, die uns von Gott gegebenen Ressourcen zu seiner Verherrlichung einzusetzen (Matthäus 25, 14-30). Der Feind will dich in einer Haltung der Undankbarkeit festhalten. Dein Fokus soll auf die Dinge gerichtet sein, die du nicht hast. Dabei entgeht dir immer mehr der Blick, für die Segnungen die Gott dir bereits geschenkt hat, und für die du sehr dankbar sein darfst!

6. Ablenkung

Gib acht auf die Bahn deines Fußes, und alle deine Wege seien geordnet! Bieg nicht ab zur Rechten noch zur Linken, lass weichen deinen Fuß vom Bösen! **Sprüche 4, 26-27**

Ablenkung ist eine häufig genutzte Methode des Feindes, weil sie sehr effektiv ist. Dabei bedient er sich zwei Arten der Ablenkung. Da ist die kurzfristige Ablenkung, die täglich zum Einsatz kommt. Diese zeigt sich in dem er unsere Seele mit „Gutem" bzw. mit den Dingen die uns Spaß machen beschäftigt, sodass wir uns nicht mehr mit dem Königreich Gottes befassen.

Und selbst wenn wir Gemeinschaft mit Gott pflegen, sei es durch Gebet, dem Bibellesen oder anderes, versucht er dennoch uns mit Sorgen und Gedanken des alltäglichen Lebens abzulenken. Darunter können die lapidarsten Dinge fallen wie z.b. das die Fenster noch geputzt werden müssen, die Reisebuchungen vergessen wurden, oder die Kinder noch baden müssen usw. Plötzlich tun sich Dinge auf die dringlichst erledigt werden müssen, oder das Telefon klingelt und weitere Störungen tauchen auf.

Die zweite Art der Ablenkung welcher Satan sich bedient ist die der langfristige Ablenkung. Diese Art der Ablenkung kommt durch falsche Entscheidungen zu Stande, die wiederum langfristige Konsequenzen zur Nachfolge haben können.

Dazu gehören beispielsweise Entscheidungen wie die der Eheschließung, der Familienplanung, Karriere, Beruf und Finanzen usw.. Dem Teufel ist klar, dass es nur einer falschen Entscheidung bedarf, um unser Leben langfristig nach seinen Wünschen zu verändern. Damit erreicht er es uns in völlig andere Bahnen zu lenken.

Auf diese Weise hat er mit nur einem gezielten Schlag unser Leben manipuliert, sodass die Bestimmung die Gott für uns vorgesehen hat nicht zum tragen kommt. Aufgrund von einer falschen Entscheidung wie Eva sie im Garten Eden traf, folgten langfristige Konsequenzen wie Krieg, Leid, Tod, Vernichtung usw.. Wir wollen Eva nicht an den Pranger stellen sondern aus den Fehlern lernen, die sie aus einem vollkommenen Zustand begangen hat. Wir dürfen auch nicht vergessen, dass Adam und Eva rundum die perfektesten Menschen waren, die jemals auf der Erde gelebt haben. Dennoch waren sie anfällig für die listigen Lügen Satans. Dies ist einen weiterer Grund, weshalb es für einen wiedergeborenen Christen unbedingt notwendig und unabdingbar ist, bei allen seinen Entscheidungen, Gott mit einzubeziehen. Rücksprache mit ihm zu halten und geduldig auf seine Antwort zu warten!

Dies aber sage ich zu eurem eigenen Nutzen, nicht, um euch eine Schlinge überzuwerfen, sondern damit ihr ehrbar und beständig ohne Ablenkung beim Herrn bleibt. **1. Korinther 7, 35**

7. Täuschung

Irrt euch nicht, Gott lässt sich nicht verspotten! Denn was ein Mensch sät, das wird er auch ernten. Denn wer auf sein Fleisch sät, wird vom Fleisch Verderben ernten; wer aber auf den Geist sät, wird vom Geist ewiges Leben ernten.
Galater 6, 7-8

Satan greift nur zu gerne deinen Kopf an denn er weiß, dass dieser die Schaltzentrale deiner Gedanken ist. Sein Ziel ist es dir Glauben zumachen, dass die Dinge die Gott als falsch erklärt hat, möglicherweise doch richtig sind. Er ist ein Meister der Täuschung und sehr gerissen. Er versteckt seine Köder nach Typ, Form und Aussehen, so das diese genau nach dem Charakter und Wesen Gottes aussehen.

Wenn er dein Leben ruinieren will, wirst du nicht auf ein rot gehörntes Wesen mit einer Mistgabel treffen, das dich fragt:

„Na? Wie wäre es ein Säufer oder Drogenabhängiger zu sein? Ich mach dich zum Dieb und Kriminellen, damit du deine Drogensucht auch finanzieren kannst!

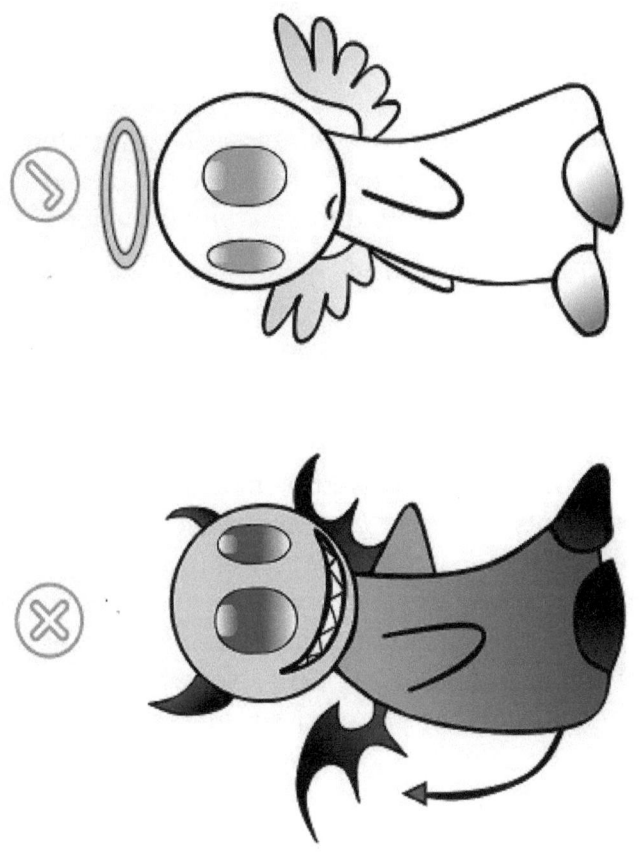

Als Bonus geht deine Gesundheit flöten und dir wird es niemals mehr möglich sein eine Arbeitsstelle zu halten. Ferner biete ich dir an, dass du alle deine Beziehungen zur deiner Familie und zu deinen Freunden verlierst?.

Zur Auswahl stünde auch eine lebensbedrohliche Krankheit, oder wie wäre es ein außereheliches Kind zu zeugen?

Was hältst du von einem Schwangerschaftsabbruch? Oder wie wäre es gleich zwei Familien zu zerstören in dem du Ehebruch begehst? Möchtest du diesen Bund zustimmen und den Vertrag mit mir unterschreiben?"

Natürlich würdest du all dem nicht zustimmen, und deine Antwort wäre ein ganz klares NEIN! Deshalb muss er seine Mogelpackung mit Parfum besprühen und nett verpacken. Um sein Ziel zu erreichen, wird er statt dessen Gedanken säen wie:

„Du musst mal 'ne Pause machen. Du brauchst dringend Entspannung, und sei nicht immer so ein Spaßverderber, du stehst unter zu viel Druck, vorehelicher Geschlechtsverkehr ist bestimmt spannend, schließlich liebt ihr euch, schau deine ganzen Freunde tun es auch, so schlimm kann es also gar nicht sein, schau dir den und den an, das sind Christen und sie tun es auch, du bist langweilig, du nimmst alles viel zu ernst, trink mal einen über den Durst und rauche einen Joint, nimm 'ne Pille dann fühlst du dich nicht mehr so allein. Siehst du, keiner will mit dir befreundet sein weil du immer so steif bist."

Diese Gedankenbeschüsse können unendlich sein und hören nicht auf, wenn wir sie nicht in Jesu Namen binden.

Ich setze nicht die Waffen dieser Welt ein,
sondern die Waffen Gottes. Sie sind mächtig
*genug, jede Festung zu zerstören, **jedes***
menschliche Gedankengebäude
***niederzureißen** 2. Korinther 10,4*

(Hoffnung für alle)

Satan will das du Kompromisse mit dieser Welt schließt. Er ist ein Genie darin schlechtes an die Menschen zu verkaufen. Er versteckt das Übel und täuscht uns solange, bis wir ihm in die Falle gegangen sind. Erst dann zeigt er sein wahres Gesicht. Er hat ein großes Interesse daran, jeden wahren Gläubigen unbemerkt, jedoch langsam aber stetig in dieses Weltsystem einzuschleusen. Dieses erreicht er u.a. durch Immunisierung, Abstufung und Verrohung der gesamten Menschheit.

Der Verfall ist messbar: Nachrichten die z.b. vor 20 bis 30 Jahren noch ein Skandal gewesen wären und Wochen, wenn nicht sogar jahrelange Analysen nach sich gezogen hätten, haben heute die Lebensdauer einer Eintagsfliege. Der Feind will unter keinen Umständen, dass wir die Dinge so sehen und annehmen, wie Gott sie vor der Erschaffung der Welt vorgegeben hat.

Und seid nicht gleichförmig dieser Welt,
sondern werdet verwandelt durch die
Erneuerung des Sinnes, dass ihr prüfen
mögt, was der Wille Gottes ist: das Gute und
Wohlgefällige und Vollkommene.
Römer 12, 2

8. Verwirrung

Verwirrung und Unordnung ist eine weitere Strategie des Feindes. Gott ist ein Gott der Ordnung (2. Mose 18, 16 ; 1. Korinther 14, 33+40). Satan ist wie wir bekanntlich wissen in all seinen (wenn man es so Bezeichnen kann) *„Tugenden"* genau das Gegenteil von Gott und steht für Durcheinander, Chaos und Verwirrung.

Verwirrung und Planlosigkeit sind Waffen der Finsternis. Sie ziehen Frustration, Kapitulation und Zerstörung nach sich. In Ester 9,24 lesen wir:

> *Denn Haman, der Sohn Hammedatas, der Agagiter, der **Bedränger** aller Juden, hatte gegen die Juden **geplant, sie umkommen zu lassen**, und hatte das Pur, das ist das Los, geworfen, um sie in **Verwirrung** zu bringen und **sie umkommen zu lassen**.*

Der Wurf dieses Loses war ein Türöffner für den Geist der Verwirrung, um der Verwüstung und dem Tod Einlass zu gewähren.

Wenn Satan es schafft uns zu verwirren bzw. planlos zu machen, verschafft er sich ein Einfallstor und damit einen Vorteil. Wir alle wissen, dass keine Sache ohne Ordnung entstehen kann, denn Ordnung ist Planung und bedeutet Übersicht und Kontrolle. Wo Verwirrung und Unordnung anwesend sind, ist Satan nicht weit (Nehemia 4,2; 2. Korinther 12,20).

9. Zerstörung

Das oberstes Ziel des Feindes deiner Seele ist es dich zu zerstören. Er weiß genau, er kann dir deine Errettung nicht einfach so stehlen. Jedoch hat er auch Kenntnis darüber, dass wenn er dich mit Entmutigung, Spaltung, Zweifel, Unzufriedenheit, Ablenkung, Täuschung, Verwirrung, Angst oder aber auch Stolz, Rebellion usw. überwältigen kann, du für das Reich Gottes untauglich wirst. Damit genau das nicht passiert ist es entscheidend, dass ein wiedergeborener Christ den geistlichen Kampf auch tatsächlich kämpft. Denn wir dürfen nicht vergessen, Satan ist gekommen um zu stehlen, zu schlachten, und zu verderben (Johannes 10,10).

Demzufolge sind alle Menschen die Jesus Christus als ihren Erlöser nicht angenommen haben, in geistlicher Gefangenschaft und Finsternis.

All diejenigen die zum Glauben gekommen sind, gehen aus dem Zustand der geistlichen Gefangenschaft, der Finsternis und dem ewigem Tod über in die den Zustand der Heilserrettung, des ewigen Lebens und den geistlichen Kampf. Bei einem wahrhaft wiedergeborenen Christen, findet an dieser Stelle ein Herrschaftswechsel statt (Johannes 5,24).

Dieses geschieht ungeachtet dessen, ob es ihm bewusst ist oder nicht. So sollten wir Christen nicht hochmütig annehmen, dass wir aufgrund unserer Errettung aus dem Radar des Feindes gefallen sind. Vielmehr ist genau das Gegenteil der Fall. Es ist ein großer Trugschluss zu bezweifeln der Feind könnte dir nicht nahen, weil du jetzt das heilige Blut Jesu hast. Die Frage ist, ob das kostbare Blut Gottes, von dir gegen den Feind auch eingesetzt wird?

In der Tat gibt es leider viele zu viele Christen die das Blut Jesu „falsch nutzen". Es sind die Art von Geschwistern die der Meinung sind, sie bräuchten aufgrund der Opfergabe Jesu nicht einmal mehr zu beten, denn Jesus hätte sie von Alledem befreit. Dabei hat Jesus selbst ohne Unterlass gebetet (Lukas 5,16 ; Markus 1,35 ; Matthäus 14,23, Markus 6,46). Darum sind auch wir als Nachfolger Jesu dazu aufgerufen (1. Thessalonicher 5,17)!

Ihr habt im Kampf gegen die Sünde noch **nicht bis aufs Blut widerstanden;** **Hebräer 12, 4**

Ganz klar der Feind lacht dergleichen über derart naives Denken, denn ihm ist mehr als klar, dass jeder Christ der den geistlichen Kampf nicht kämpft, bereits besiegt ist! Jeder wahre Christ wird sich mit Angriffen und Anfechtungen auseinandersetzen müssen. Zeiten von persönlicher Verfolgung, Bedrängnis und Glaubenskrisen sind an der Tagesordnung und für einen wahren Gläubigen nichts Ungewöhnliches.

Dabei wird es Tage geben bei denen man den Eindruck hat, dass selbst die eigene Familie, die Glaubensgeschwister und sogar die eigenen Kinder gegen einen kämpfen. Dabei ist dieser Eindruck nicht immer ganz falsch, denn aus der geistlichen Perspektive gesehen stehen wir mitten auf dem Schlachtfeld auf dem Satan auch unser Umfeld gegen uns benutzt.

Es wird aber der Bruder den Bruder zum Tode überliefern und der Vater das Kind; und Kinder werden sich erheben gegen die Eltern und sie zu Tode bringen.

Und ihr werdet von allen gehasst werden um meines Namens willen. Wer aber ausharrt bis ans Ende, der wird gerettet werden. **Matthäus 10, 21-22**

Auch wenn unser Kampf nicht Fleisch und Blut gilt, ist der Feind jedoch in der Lage Menschen als Gefäße und Werkzeuge gegen uns zu benutzen. Unter Beachtung von Epheser 6,12 ist es also zwingend notwendig den geistlichen Kampf zu kämpfen und dabei auf die Angiffs-Strategien des Widersachers achtzugeben. Das Heilige Wort Gottes warnt uns in Jesaja 54,17 darüber, dass der Feind seine Waffen gegen uns schmieden wird! Sollten diese sich in unserem Leben bemerkbar machen, müssen wir sie umgehend mit den von Gott gegebenen Waffen eliminieren.

Unterwerft euch nun Gott! Widersteht aber dem Teufel! Und er wird von euch fliehen. **Jakobus 4,7**

Kapitel 9

Unsere Waffen

Wer also nun bewusst in den Kampf zieht, sollte gut vorbereitet sein und seinen Gegner sowie seine Waffen genaustens kennen. Auf dem Schlachtfeld wird nicht mit Watte geschossen! Für unseren Kampf stehen uns zweierlei Waffensysteme zu Verfügung:

1. Schnellschusswaffen

2. militärische Großgeräte

Unsere Schnellschusswaffen

Als Schnellfeuerwaffe wird grundsätzlich jede Feuerwaffe bezeichnet, deren Feuergeschwindigkeit höher ist als die einer einschüssigen Waffe. Die folgenden Schnellschusswaffen die uns in diesem Krieg zur Verfügung stehen, dürfen wir als selbstladend und ebenfalls vollautomatisch bezeichnen. Dabei handelt es sich um Kampfgeräte, die jederzeit zum schnellen Gebrauch für uns einsetzbar sind:

Der Name Jesu:	Sprüche 18,10 ; Matthäus 18,20 ; Kolosser 3,17
Das Salböl:	Jesaja 10,27 ; Jakobus 5,14
Das geheiligte Wasser:	Hesekiel 36,25
Die Liebe:	Römer 13,10 ; Psalm 31,2 ; Römer 8,28
Der Engel Gottes:	Psalm 34,8 ; Hebräer 1, 13-14
Das gegenseitige Sündenbekenntnis:	Jakobus 5,16 ; 1. Johannes 1,9
Der Heilige Geist:	Römer 8,27 ; Markus 13,11

Unsere militärischen Großgeräte

Denn Obwohl wir im Fleisch wandeln, kämpfen wir nicht nach dem Fleisch; denn die Waffen unseres Kampfes sind nicht fleischlich, sondern mächtig für Gott zur Zerstörung von Festungen; so zerstören wir überspitzte Gedankengebäude und jede Höhe, die sich gegen die Erkenntnis Gottes erhebt, und nehmen jeden Gedanken gefangen unter den Gehorsam Christi. 2. Korinther 10,3-5

Zu den militärischen Großgeräten zählen folgende Waffen:

1. Das Blut Jesu

2. Das Wort Gottes

3. Das Gebet

4. Die Anbetung und der Lobpreis an Gott

5. Die Waffenrüstung Gottes

6. Das Fasten

7. Das Zungengebet

Wenn wir uns die Waffen einmal genauer anschauen, welche von den Heiligen in der Schrift benutzt wurden, wird schnell klar, dass es sich dabei um sehr außergewöhnliche Waffen handelt. Sie sind ausschließlich geistlich und es ist immer die Kraft und das Wirken Gottes, durch den uns der Sieg geschenkt wird!

Die geistlichen Waffen Gottes

Im folgenden eine Auflistung von verschiedenen Waffen, die in der heiligen Schrift beschrieben werden. Die angeführten Bibelstellen dienen lediglich als Beispiel, da noch weitere Bibelstellen existieren, diese jedoch zwecks Erhaltung der Übersicht hier nicht angeführt werden.

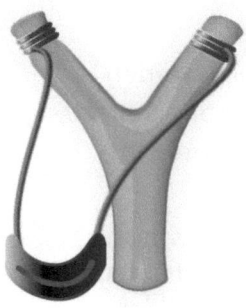

Wer	Wen /Womit	Bibelstelle
Jesus	Eine blutflüssige Frau berührt das **Gewand** Jesu und wird geheilt.	Markus 5, 25-34 ; Lukas 8, 43-48
Jesus	Jesus heilt einen Blinden mit seinem **Speichel**.	Johannes 9,6
Petrus	Kranke werden durch den **Schatten** Petrus geheilt.	Apostelgeschichte 5,15
Simson	Simson erschlägt tausend Philister mit dem **Unterkiefer** eines Esels.	Richter 15, 15-17
Paulus	Paulus heilt Kranke und treibt böse Geister mit seinem **Schweißtuch** aus.	Apostelgeschichte 19, 11-12
Elisa	Auferweckung des toten Mannes, als er Elisas **Knochen** berührte.	2. Könige 13,21

David	David überwindet Goliath mit seiner **Schleuder**.	1. Samuel 17,40-50
Jeremia	Jeremia heilt das Geschwür Hiskias mit einem **Feigenkuchen**.	2. Könige 20,7
Josua	Jericho wird durch die **Befolgung der Anweisungen Gottes** erobert.	Josua 6, 1-27

Unsere Top 7 Waffen

1. Das Blut Jesu

Es ist hilfreich zu wissen, das Blut im geistlichen Raum eine Währung darstellt. Dieses gilt gleichermaßen bei Christen wie auch bei Okkultisten. Blut ist Lebenskraft, denn ohne Blut in unseren Venen sterben wir.

Das kostbarste Blut im Natürlichen als auch im Geistlichen ist das heilige Blut Jesu, da es unbezahlbar ist. Das Blut Jesu beinhaltet viele Schätze, wie beispielsweise die Vergebung unserer Sünden (Matthäus 26, 28), die Reinigung von unseren Sünden (1. Johannes 1,7), es heiligt uns (Hebräer 13,12) und es schützt uns:

Aber das Blut soll für euch zum Zeichen an den Häusern werden, in denen ihr seid. Und wenn ich das Blut sehe, dann werde ich an euch vorübergehen: So wird keine Plage, die Verderben bringt, unter euch sein, wenn ich das Land Ägypten schlage. 2. Mose 12, 13

So musste selbst der Tod an der Tür der Kinder Israels vorbei ziehen, weil das heilige Blut des Lammes sie beschützte. Damit auch wir uns vor den Angriffen des Tod-Feindes schützen können, sollten wir uns, sowie unsere Familien, Häuser und auch Arbeitsstellen im Geiste mit dem heiligen Blut Jesu einhüllen und tränken. Das heilige Blut Jesu ist das kostbarste Gut das wir Kinder Gottes auf Erden haben!

2. Das Wort Gottes

Nimm das Wort Gottes wenn möglich täglich in dich auf. Es soll dir stetig Leib und Speise sein, denn:

es steht geschrieben: "Nicht von Brot allein soll der Mensch leben, sondern von jedem Wort, das durch den Mund Gottes ausgeht".
Matthäus 4, 4

Das heilige Wort Gottes ist deine effektivste Waffe gegen den Feind. Jesus benutzte es als der Teufel ihn 3 mal in der Wüste versuchte (Matthäus 4, 1-11 ; Lukas 4, 1-13). Wir müssen lernen es Jesus genau gleich zu tun, in dem wir sein Wort in allen Alltagssituationen einsetzten. Denn nur dann werden wir in der lage sein dem Feind den Wind aus den Segeln zu nehmen.

Wenn sich uns Hindernisse im Verständnis des Wortes auftun, müssen wir Gott bitten, er möge uns durch den Heiligen Geist sein Wort offenbaren.

Ich kann nicht oft genug wiederholen das wir als Krieger Gottes das Schwert des Geistes so oft wie nur möglich durch Lehre, persönliches Bibelstudium, sowie auch das Hören des Wortes Gottes durch Predigten, in uns aufnehmen!

Dabei solltest du die heilige Schrift nicht aus Pflichtbewusstsein lesen, sondern aus Lust und der Fülle an dem reichen Wort Gottes. Doch wenn du ließt, dann lese so oft du kannst laut, denn Satan und seine Dämonen können unsere Gedanken nicht lesen!

Setzte das Wort Gottes aktiv in deinem Leben um, denn unsere Feinde können zwar unsere Gedanken nicht lesen, jedoch können sie unser Fleisch interpretieren. Sie erkennen von daher sehr schnell einen trägen Christen, der nicht nach dem Wort Gottes lebt. So werden sie auch diesen Umstand für sich nutzen!

*Die an dem Weg aber sind die, bei denen das Wort gesät wird und, wenn sie es hören, sogleich der Satan kommt und das Wort wegnimmt, das in sie hineingerät worden ist. **Markus 4,15***

3. Das Gebet

Seid um nichts besorgt, sondern in allem sollen durch Gebet und Flehen mit Danksagung eure Anliegen vor Gott kund werden; **Philipper 4,6**

Gebet ist ein Ausdruck unserer Beziehung zu Gott. Es ist eine Form der Kommunikation mit ihm. Diese Kommunikation kann je nach Situation unterschiedlich aussehen. Im Gebet können wir ihn zum Beispiel um seine Hilfe bitten, oder sprechen mit ihm ganz einfach über die Dinge, die uns am Herzen liegen. Jedes deiner Gebete sollte Danksagung beinhalten (Kolosser 4,2). Darum überlege dir, wofür du dem Herrn danken kannst. Zum Beispiel kannst Gott für alles danken, was du hast (z.B. für dein Leben, für deine Familie, für deine Freunde, oder aber auch dafür das du ein Dach über dem Kopf hast!). Jedoch sollten wir unseren Himmlischen Vater ganz besonders für die großartige Opfergabe, die er dir und mir durch seinen Sohn Jesus Christus geschenkt hat dankbar sein. Es ist ein Geschenk das unbezahlbar ist.

Und der Friede des Christus regiere in euren Herzen, zu dem ihr auch berufen worden seid in einem Leib! Und seid dankbar! **Kolosser 3,15**

Jeder Vater freut sich über ein „Danke". Jenes Kind welches dem Vater die Geschenke lediglich aus der Hand reißt, um damit stillschweigend in seinem Zimmer zu verschwinden, ehrt seinen Vater nicht.

Sicher macht es dir selber viel mehr Spaß jemanden zu beschenken, der sich freut und auch dankt. Je mehr du dem Herrn dankst, desto mehr wird er dich beschenken.

Um aber ein wirkungsvolles Gebetsleben zu entwickeln, brauchen wir eine enge und persönliche Beziehung zum Vater. Ein guter Weg ist es den Tag mit dem Herrn zu beginnen indem man früh aufsteht. (Psalm 5,4 und Markus 1,35).

Wer wirklich eine feste Beziehung zu Gott aufbauen möchte, sollte mindesten täglich 1-2 Stunden intensiv im Gebet mit ihm verbringen. Es gibt leider viele Christen die kaum oder nur sehr wenig beten, dabei bringt uns das Gebet welches aus dem reinen Herzen an den Herrn gerichtet ist, ausschließlich nur Vorteile:

- Mit einem Gebetsleben werden wir Versuchungen besser widerstehen können, als ohne (Matthäus 26,41)

- Durch unser Gebet errettet der Herr uns von unseren Bedrängern (Psalm 34, 17-18

- Wir sind aufgerufen „ohne Unterlass zu beten" (1. Thessalonicher 5,17). Es ist nicht möglich mit jemanden eine feste Beziehung aufzubauen, geschweige eine gut funktionierende Ehe, wenn wir dieser Person lediglich nur 5 – 10 Minuten am Tag widmen. Wie viel mehr dann dem Herrn?

- Das Gebet erhält unsere Besonnenheit und Wachsamkeit, ganz besonders jetzt in der Endzeit (1. Petrus 4,7)
- Durch das tägliche Gebet können wir dämonische Bestimmungen gegen uns, ausbremsen, anhalten und eliminieren (Matthäus 6, 33-34)
- Das Gebet ist unser direkter Draht zum Herrn, deshalb dürfen wir als Kinder Gottes niemals aufhören zu beten! (Römer 12,12)

darum bitte den Herrn täglich um Führung und Schutz, und danke ihm auch dafür! Gehe mit Gott deinen Tagesablauf durch und erzähle Ihm deine Probleme und Schwächen. Bete auch für andere Menschen (Die Fürbitte) und erstelle dir eine Gebetsliste. Anhand einer Gebetsliste ist es einfacher zu erinnern für wen und für was man beten möchte. Zudem kann man sich auf spezielle Gebetspunkte besser konzentrieren.

Der Herr liebt natürlich auch freigesprochenen Gebete, so ist eine Kombination aus beiden Gebetsvarianten nicht verkehrt. Der Heilige Geist wird dich auch hier leiten, wenn du ihn darum bittest.

*Rufe mich an, dann will ich dir antworten und will dir Großes und Unfassbares mitteilen, **das du nicht kennst.***
Jeremia 33,3

Jesus hat sich regelmäßig zurückgezogen um zu beten und um zu seinem Vater zu sprechen. Wie viel mehr ist dann das regelmäßige Gebet für uns notwendig!

Jesus hat uns dabei ein „**Modell-Gebet**" anhand des Vaterunsers gegeben an das wir uns orientieren dürfen (Matthäus 6, 9-13).

Im folgenden 7 Gebetspunkte, die ein vollkommenes Gebet beinhalten:

1. **Unser Vater der du bist in den Himmeln:**
    Bete als ein Kind zu deinem Vater

2. **Geheiligt werde dein Name:**
    Lobe Gott und gib Ihm die Ehre

3. **Dein Reich komme, dein Wille geschehe, wie im Himmel so auf Erden:**
    Unterwerfe dich und vertraue deinem Herrn

4. **Unser tägliches Brot gib uns heute:**
   Breite deine Bitten vor Gott aus

5. **Und vergib uns unsere Schulden, wie auch wir vergeben unseren Schuldnern:**
   Bekenne deine Sünden und vergib auch anderen

6. **Und führe uns nicht in Versuchung, sondern errette uns von dem Bösen:**
   Verlasse dich bittend auf deinen Herrn und vertraue ihm

7. **Denn dein ist das Reich und die Kraft und die Herrlichkeit in Ewigkeit – Amen:**
   Proklamiere seinen ewigen Sieg!

4. Die Anbetung und der Lobpreis an Gott

Lobpreis Gottes sei in ihrer Kehle und ein zweischneidiges Schwert in ihrer Hand, um Rache zu vollziehen, an den Nationen, Strafgerichte an den Völkerschaften, um ihre Könige zu binden mit Ketten, ihre Edlen mit eisernen Fesseln, um das schon aufgeschriebene Gericht an ihnen zu vollziehen! Das ist Ehre für alle seine Frommen. Halleluja! **Psalm 149, 6-9**

Mit dem Lobpreis an Gottes schlägt man den Teufel schneller und effektiver als mit jeder anderen Taktik, denn die Anbetung und der Lobpreis zu Gott, sind die höchsten Ebenen des geistlichen Kampfes, denn auch Lobpreis ist Kriegsführung! (Psalm 18,4).

Luzifer war ursprünglich der höchste Engel im Himmel und führte die anderen Engel in der Anbetung und dem Lobpreis zu Gott an. Er war auch für die Musik im Himmel zu ständig.

In Hesekiel 28, 13 lesen wir dazu:

In Eden, im Garten Gottes warst du; mit allerlei Edelsteinen warst du bedeckt: mit Sardis, Topas, Diamant, Chrysolith, Onyx, Jaspis, Saphir, Karfunkel, Smaragd, und mit Gold. Deine kunstvoll hergestellten **Tamburine und Flöten** *waren bei dir; am Tag deiner Erschaffung wurden sie bereitet. (Schlachter 2000)*

Auch Jesaja 14, 11-12 beschreibt das musikalische Talent Luzifers, seinen Glanz, ebenso aber auch seinen Fall:

In den Scheol hinabgestürzt ist deine Pracht und der **Klang deiner Harfen**. *Maden sind unter dir zum Lager ausgebreitet, und Würmer sind deine Decke. Wie bist du vom Himmel gefallen, du Glanzstern, Sohn der Morgenröte! Wie bist du zu Boden geschmettert,* **Überwältiger der Nationen!**

Satan wurde stolz und hochmütig und rebellierte gegen Gott. Auch forderte er die Anbetung für sich selbst. Er und sein Gefolge wurden deshalb aus dem Himmel verwiesen. Satan hasst es wenn wir in Anbetung und Lobpreis zu Gott gehen, denn sein höchstes Streben ist es angebetet zu werden. Sein verdrehtes Verlangen brachte ihn dazu, seinen eigenen Schöpfer zu versuchen ihn doch anzubeten jedoch ohne Erfolg (Matthäus 4, 8-11)!

Das Wort des Christus wohne reichlich in euch; in aller Weisheit lehrt und ermahnt euch gegenseitig! Mit Psalmen, Lobliedern und geistlichen Liedern singt Gott in euren Herzen in Gnade! **Kolosser 3,16**

Wann ist die Waffe der Anbetung und des Lobpreises am effektivsten nutzen?

Wir können Lobpreis besonders wirkungsvoll einsetzten, wenn die Situation in der wir uns befinden, zu überwältigend scheint. Insbesondere immer dann, wenn eine Armee von Dämonen am Werke ist.

Das kann beispielsweise bei dem Verlust eines Familienglieds der Fall sein, und man alleine nicht mehr schafft die Trauer zu bewältigen.

Ein Weiteres Beispiel kann sein, wenn beispielsweise eine nahestehende Person eine langjährige Gefängnis-Strafe antreten muss, und man in Angst und Sorge verharrt, weil man nicht weiß, wie es für alle Beteiligten weitergehen wird.

Eine sehr große Bedrängnis kann es sein regelmäßig häuslicher Gewalt ausgesetzt zu sein. Ganz besonders wenn man von diesen Umständen eingeschüchtert ist, und es einem unmöglich erscheint sich aus dieser Situation zu lösen. Es gibt natürlich unzählige Beispiele von Lebenssituationen die eine Bewegungsunfähigkeit, oder eine emotionale Lähmung hervorrufen können.

Wer in Bedrängnis am Herrn nicht zweifelt, sondern Gott unaufhörlich anbetet, ganz besonders während schwieriger Situationen ihn lobt, ihn preist, Gott besingt und ihm die Ehre gibt Der praktiziert wahrhaftigen und echten Lobpreis! Es ist zudem die höchste Form der Anbetung! Der Lobpreis an den Herrn wird uns sogar trösten, weil uns Gott in solchen Momenten an seiner Herrlichkeit teilhaben lässt!

Loben will ich den Namen Gottes im Lied und ihn erheben mit Dank. **Psalm 69,31**

Lobpreis ist falsch eingesetzt, bei Sünden von denen man sich lossagen möchte, sie jedoch Gott noch nicht bekannt hat. Nehmen wir an ein Gläubiger möchte sich von der Sucht des Nikotins befreien. Allerdings möchte er nichts dafür tun, obwohl er volle Autorität über den Dämon des Nikotins hat (Lukas 10,17).

In der Regel ist es doch so, dass die Kinder Gottes, die nicht kämpfen wollen, den Herrn bitten **ER** möge sie aus all ihren Nöten befreien. Der Herr wird es keinesfalls tun, denn auch dafür hat er sein Blut gegeben. Er hat DIR und MIR ALLE Kraft und Autorität die wir brauchen übertragen.

Er hat dir vollgeladene Waffen gegeben, und er will, dass du dich daran übst sie zu benutzen!

Folglich ist es nun an dir den Abzug zu drücken. Willst du also frei werden von der Sucht des Nikotins, musst du diese Schuld vor Gott bringen und ihn bitten dir zu vergeben, denn auch die Buße ist eine Waffe!

Damit erhält der Geist des Nikotins in deinem Leben einen Platzverweis. Erst dann kann der Suchtgeist aus deinem Körper ausgetrieben werden. Sobald ihm die Bleiberechte entzogen wurden, muss er gehen. Mit dem Platzverweis alleine ist es allerdings noch nicht getan.

Der Geist des Nikotins muss aufgefordert werden zu gehen, da er freiwillig nicht gehen wird. Lobpreis wäre bei diesem Beispiel nicht die richtige Waffe.

Um Mitternacht aber beteten Paulus und Silas zu Gott und stimmten Lobgesänge an, und die anderen Gefangenen hörten zu. Da gab es auf einmal ein starkes Erdbeben,

und die Grundmauern des Gefängnisses wankten; unversehens öffneten sich alle Türen, und allen Gefangenen fielen die Fesseln ab. **Apostelgeschichte 16, 25-26**

Anders verhält es wenn wir wehrend unserer größten Bedrängnisse den Herrn loben und preisen, so wie es Paulus und Silas taten. Denn genau dann, werden sich verschlossene Türen öffnen und eingerostete Fesseln fallen ab. Unser größtes Probleme löst sich in dem Maße, in dem wir Gott Anbetung und Lobpreis erbringen. Jedoch muss es von Herzen kommen und ehrlich gemeint sein. Es darf nicht nur ein leidliches Lippenbekenntnis, oder ein religiöses Ritual sein. Gott fordert von uns keine Werke bis er tätig wird. Vielmehr ist das Ziel, dass Satan freiwillig geht. Wenn du Gott aus tiefstem Herzen anbetest, kann der Feind es einfach nicht ertragen und verschwindet. Lobpreis ist sich Gott zu ergeben. Wer sich dem Herrn ergibt, steht automatisch unter seinem Schutz.

Machen wir den Namen Jesus groß, denn er hat den Feind besiegt und durch ihn haben wir nichts mehr zu fürchten. Wer es ablehnt Gott Lob und Ehre zu preisen, wird es im Himmel sehr schwer haben, denn der Himmel besteht förmlich nur aus Lobpreis (Offenbarung 5, 11-14).

Du kannst Gott Ehre und Lob bringen ua. durch das Hören und Eintauschen in Lobpreismusik. Du kannst Jesus zu Ehren auch musizieren, singen, tanzen, malen ect.. Was immer du tust, tue es zu Gottes Ehren!

Ob ihr nun esst oder trinkt oder sonst etwas tut, tut alles zur Ehre Gottes!
1. Korinther 10, 31

5. Die Waffenrüstung Gottes

Der wirkungsvollste Rundum-Schutz im Kampf gegen den Feind ist die allseits bekannte Waffenrüstung Gottes, wie sie im (Epheserbrief 6, 14-17) beschrieben wird. Dabei handelt es sich nicht um eine Rüstung im physischen Sinne, welche man auf der natürlichen Ebene anlegen könnte. Es handelt sich viel mehr um eine geistliche Ausrüstung, die gleichzeitig eine Lebenseinstellung darstellt. Unsere geistliche Ausrüstung besteht aus:

Dem Gürtel der Wahrheit:

Er beschützt uns vor den Lügen des Feindes, die uns jeden Tag umgeben. Sei es in den täglichen Nachrichten, aber auch in falschen Glaubenslehren. Wir sind aufgerufen nach der Wahrheit zu streben, nach ihr zu leben und diese zu verteidigen.

Dem Brustpanzer der Gerechtigkeit:

Er beschützt unser Herz, unseren Willen und unsere Emotionen. Er beschützt zusammen gefasst unsere Seele, da diese sehr anfällig für Ungerechtigkeit und Sünde ist.

Die Schuhe des Evangeliums des Friedens:

Sie beschützen unsere Loyalität gegenüber Christus. Sie motivieren uns seinen Anweisungen zu folgen und das Evangelium in Frieden weiter zugeben (wir zwingen niemanden die gute Botschaft anzunehmen, wie es leider einige Christen allzu gerne tun!). Druck und Einschüchterung sind dabei fehl am Platz und gehören nicht zu den Waffen eines Christen!

Dem Schild des Glaubens:

Er beschützt unseren Glauben. Dieser ist der Motor bzw. das Öl für unsere Beziehung zum Herrn (Matthäus 25, 3-4). Ohne dem Schild des Glaubens laufen wir Gefahr abzufallen (Hebräer 3,12 ; Lukas 18,8).

Dem Helm des Heils:

Der Helm beschützt unser Glaubenssystem und unsere Gedanken. Er schirmt uns von negativen Gedanken ab und bewahrt wie wir Gott, uns und die Welt als Christen sehen. Er justiert mit welchem Maß wir uns und andere richten. Wird unser Helm beschädigt, bekommt auch unser Schild Risse.

Das Schwert des Geistes:

Es beschützt und intensiviert unsere Beziehung zu Gott. Das Schwert lehrt uns den Lobpreis und die Danksagung an den Herrn. Das Lesen und Sinnen über das Wort Gottes symbolisiert zudem den Akt des Schleifens und Schärfens unseres Schwertes (Lukas 8,15).

Unter allen Waffen ist das Schwert des Geistes die einzige Waffe, die uns zum direkten Angriff zur Verfügung steht! Alle anderen Waffen dienen uns zur Verteidigung.

Das Gebet und die Fürbitte:

Das Gebet aktiviert unsere ganze Waffenrüstung und vervollständigt sie. Zudem macht uns das tägliche Gebet achtsam vor den Angriffen des Feindes.

Auch das Fürbittengebet ist für einen Christen nicht wegzudenken, denn unser Vater möchte, dass alle Menschen gerettet werden und zur Erkenntnis der Wahrheit kommen (1. Timotheus, 1-4).

Wir können unsere geistliche Rüstung täglich anlegen, in dem wir uns ihre Bestandteile immer wieder bewusst machen. Damit wir unsere Waffen nie aus den Augen verlieren und immer zur Hand haben (insbesondere in Angriffssituation wie z.b. während Angst, Bedrängnis oder Unglauben in uns aufkommen). Dann sollten wir uns die Verse welche die Rüstung Gottes beschreiben, einprägen (Epheser 6, 14-17). Außerdem können wir den Herrn bitten, er mögen uns seine heiligen Engel senden, die uns die Rüstung anlegen. Wir dürfen dem Vater für den Schutz und die Rüstung die er uns geschenkt hat danken. Auch wollen wir ihm an jedem einzelnen Tag danken, dass wir durch seinen Sohn Jesus Christus siegreich sein können!

Und weder ich noch meine Brüder, noch meine Diener, noch die Männer der Wache, die in meinem Gefolge waren - wir zogen unsere Kleider nicht aus. Jeder hatte seine Waffe zu seiner Rechten. **Nehemia 4,17**

6. Das Fasten

Und er sprach zu ihnen: Diese Art kann durch nichts ausfahren als nur durch Gebet (und Fasten) **Markus 9, 29**

Manche unserer Festungen lassen sich nur durch Gebet und fasten bezwingen, indem wir unser Fleisch von fleischlichen Gelüsten aushungern lassen und stattdessen unseren Geist mit dem Wort Gottes nähren.

Oftmals empfinden wir als Gläubige die Anweisungen unseres Herrn Jesus Christus als: „ganz schön viele Regeln" oder als „Pflichtdienste" die als „guter Christ" zu absolvieren sind.

Wir verstehen nicht, dass ALLES was wir tun einen geistlichen Hintergrund und geistliche Auswirkungen auf uns und auf unser Umfeld haben. Es gibt nichts Neues unter der Sonne, darum sind viele Tatsachen in unserem Glaubensleben einfach in Stein gemeißelt. So gehört auch das Fasten zu einer mächtigen Waffe Jesu, die für uns **alle** ungeachtet des Alters, der Herkunft oder der Dauer unserer Glaubenszugehörigkeit Wirksamkeit hat.

Er sprach aber zu allen: Wenn jemand mir nachkommen will, verleugne er sich selbst und nehme sein Kreuz auf täglich und folge mir nach! **Lukas 9, 23**

Wenn wir fasten, bändigen wir unser Fleisch und nähren stattdessen unseren Geist. Die geistliche Nahrung ist für einen Christen lebensnotwendig, denn es ist unser Geist der in Verbindung zu Gott steht, schließlich ist Gott Geist. Oftmals ist unser Geist durch das Fleisch so stark beschwert, dass wenn der Herr uns eine Nachricht, einen Hinweis, oder eine Antwort auf unsere Fragen gibt, wir nicht in der Lage sind diese „zu hören", geschweige denn sie zu begreifen. Das liegt daran, dass durch emotionale Verunreinigungen und Erfahrungen, unser geistliches Ohr verstopft ist.

Wenn er die eigenen Schafe alle herausgebracht hat, geht er vor ihnen her, und die Schafe folgen ihm, weil sie seine Stimme kennen.

Einem Fremden aber werden sie nicht folgen, sondern werden vor ihm fliehen, weil sie die Stimme der Fremden nicht kennen.
Johannes 10 ,4-5

Durch das bändigen des Fleisches und der Verleugnung deiner Selbst, wird es dir möglich sein, die Stimme des Herrn klar und deutlich zu hören. Dir wird es auch möglich sein im Geiste zu wandeln und den Herrn durch sich wiederholende Fastenperioden, immer deutlicher zu verstehen. Wenn wir „richtig" fasten, also ein Fasten an dem Gott gefallen hat, dann wird der Herr eine Explosion freisetzen, die in der geistlichen Welt eine Wirkungskraft einer nuklearen Bombe besitzt!

*Ist nicht vielmehr das ein Fasten, an dem ich Gefallen habe: Ungerechte Fesseln zu lösen, die Knoten des Joches zu öffnen, gewalttätig Behandelte als Freie zu entlassen und **dass ihr jedes Joch zerbrecht?** Jesaja 58,6*

Ungerechte Fesseln zu lösen bedeutet:

Fasten befreit uns von unreinen Geistern, denn während des Fastens lassen wir unser Fleisch praktisch „aushungern".

*Wenn aber der unreine Geist von dem Menschen ausgefahren ist, so durchwandert er **dürre** Orte, sucht Ruhe und findet sie nicht. **Matthäus 12,43***

Fasten erzeugt in uns eine Dürre, welche Geister und Dämonen einfach nicht ausstehen können. Sie wehren sich prompt indem sich während des Fastens als Lust und Appetit nach Essen manifestieren. Schaffst du es dich zu beherrschen, werden sie letztendlich fliehen, und das Verlangen lässt nach.

Gewalttätig Behandelte als Freie zu entlassen bedeutet:

Durch das Fasten erfahren wir emotionale Freiheit. Viele Gläubige leiden unter tief-verwurzelten-emotionalen Verletzungen, Wutausbrüchen, Übersensibilität, extreme Liebesbedürftigkeit usw..

Viele Christen übergeben ihr Leben Jesus, vertrauen ihm aber nicht. Sie mühen sich mit den Gewichten der Welt auf ihren Schultern ab. Das Fasten unterstützt das Loslassen und die Übergabe unserer Lasten an unseren Herrn Jesus Christus, der uns ganz klar dazu aufruft:

> *Kommt her zu mir, alle ihr Mühseligen und Beladenen! Und ich werde euch Ruhe geben. Nehmt auf euch mein Joch, und lernt von mir! Denn ich bin sanftmütig und von Herzen demütig, und "ihr werdet Ruhe finden für eure Seelen"; denn mein Joch ist sanft, und meine Last ist leicht.*
> **Matthäus 11, 28-30**

Die Knoten des Joches zu öffnen bedeutet:

Das Fasten kann viele Joche brechen. Unzählige Gläubige sind mit den falschen Dingen, Umständen und Personen unter einem Joch. Das können Menschen sein, die uns einfach nicht gut tun. Genauso können es auch falsche Gemeinden und falsche Ideologien sein etc.. Manche haben möglicherweise noch ungelöste gottlose Seelenbindungen, ungesunde geistliche Verbindungen aus ihrem Leben vor ihrer Bekehrung usw, usw. Fasten und Gebet brechen diese Joche.

Zudem ist das Fasten in der Lage Süchte wie z.B nach.: Pornografie, Alkohol und Nikotin zu binden und auf ewig zu brechen. Wir müssen uns entgegengesetzt der allgemeinen Annahme verändern, um vom Herrn registriert und angehört zu werden!

Dann wirst du rufen, und der HERR wird antworten. Du wirst um Hilfe schreien, und er wird sagen: Hier bin ich! Wenn du aus deiner Mitte fortschaffst das Joch, das **Fingerausstrecken und böses Reden.**
Jesaja 58, 9

Für das biblische Fasten empfehle ich die Verse aus Jesaja 58, 5-12 in ihrer Ganzheit zu lesen.

Wenn Christen nicht fasten wollen.

Die meisten Christen wollen am liebsten alle Verheißungen Gottes einstreichen, aber sie wollen nun mal nicht fasten..

Dann kommen die Jünger des Johannes zu ihm und sagen: Warum fasten wir und die Pharisäer oft, deine Jünger aber fasten nicht? **Matthäus 9,14**

Jesus antwortete ihnen darauf hin:

Es werden aber Tage kommen, da der Bräutigam von ihnen weggenommen sein wird, und dann werden sie fasten.
Matthäus 9, 15

Fasten ist also keine Option, sondern eine Notwendigkeit für jeden Christen! Aus irgendeinem Grund will die Mehrzahl der heutigen Christen nicht fasten. Den Leib zu knechten, um Jesus zu folgen scheint gegenwärtig nicht mehr notwendig zu sein. Wir essen einfach viel zu gerne. Wir lieben es zu Schlemmen, selbst wenn wir keinen Hunger haben, essen wir. Möglicherweise ist das der Grund, weshalb wir zahllose Gründe haben, warum wir nicht fasten können oder wollen. Im folgendem eine kleine Auswahl:

- Zu wenig Zeit

- Feier und Festlichkeiten stehen an

- Familie und Kinder sind im Haus, die versorgt werden müssen

- unruhiger Schlaf und Schlafstörungen

- Der Urlaub steht in den Startlöchern

- Aus gesundheitlichen Gründen

- Wegen Medikamenteneinnahme

- Freunde und bekannte kommen zu Besuch

- Keine Zeit

- Wir brauchen unsere Mahlzeiten, um zu funktionieren

- Der Kühlschrank sei grad voll usw. usw.

Wir sehen also, einen Grund, um nicht fasten zu müssen, wird es immer geben.

Ich laufe nun so, nicht wie ins Ungewisse; ich kämpfe so, nicht wie einer, der in die Luft schlägt; sondern ich zerschlage meinen Leib und knechte ihn, damit ich nicht, nachdem ich anderen gepredigt, selbst verwerflich werde. 1. Korinther 9, 26-27

Viele Christen glauben nachdem sie nun alle „weltlichen Gelüste" ablegen mussten, ist der Genuss des Essens, das Einzige was ihnen noch geblieben ist. Deshalb wollen sie **„das Essen"** einfach nicht hergeben. Nehmen wir nun einmal an, sie hätte möglicherweise damit ein wenig Recht. Dann können wir eher nachvollziehen, weshalb das Fasten als Verzicht und der Selbstverleugnung auch eine wertvolle „Opfergabe" an den Herrn darstellt. Traurig ist das selbst Okulisten sich diszipliniert haben, und man mag es kaum glauben, aber sie fasten! Der einzige Unterschied dabei ist, dass „ihr Fasten" an böse Geister und Altäre bzw. an Satan und seinen Dämonen gerichtet sind.

Sie vollziehen Blutfasten und sprechen Gebete der Finsternis. Sie tun dies, um stärkere und mächtigere dämonische Kräfte zu erlangen. Ihnen ist im Gegensatz zu vielen Christen bewusst, das Fasten der Schlüssel zur Erhörung in der geistlichen Welt ist. Die Heilige Schrift belegt, dass Menschen die nicht an den Gott Israels glauben, für ihre bösen Werke fasten (1. Könige 21,9). Demnach kann ein Fasten entweder an das Reich Gottes, oder an das Reich der Finsternis gerichtet sein.

Das Fasten sowie die Buße (die Umkehr) öffnen das Ohr Gottes besonders weit (Joel 2, 12-14). Wir sollten also der Selbstverleugnung über dem Weg des Fastens mehr Aufmerksamkeit schenken.

Opfern will ich dir aus freiem Antrieb;
deinen Namen will ich preisen, HERR, denn
er ist gut. **Psalm 54,8**

Neuerdings gibt es eine beliebte Methode des Fastens. Das Fasten von sozialen Medien, oder das Fasten vom „Mobiltelefon." Hierbei wird der Verzicht dieser Dinge als fasten gerechnet. Auch wenn es sich dabei um eine gewisse Art des Fastens handelt an dem nichts Verwerfliches ist, definiert sich das „biblische Fasten" jedoch anders:

Das Fasten ist eine geistliche Übung, welche die Enthaltsamkeit von fester Nahrung erfordert, oder eine spezifische Nahrung, die über eine gewisse Dauer von Stunden oder Tagen eingenommen oder weggelassen wird.

Wie man ein gefastetes Leben lebt:

- Faste so häufig wie es nur geht, wenn möglich regelmäßig! Bete kraftvolle Gebete, denn sonst wird das Fasten lediglich nur zu einer Hungerkur. Dabei ist nicht zu vergessen: während wir fasten, ist das Ohr Gottes für unser Anliegen besonders **weit geöffnet**!

- Du kannst für eine gewisse Sache Fasten (zielgerichtetes Fasten), oder auch ohne ein bestimmtes Ziel, bei dem du den Herrn nach seiner Gnade und Erkenntnis wirken lässt. Dann wird er nach seinem Willen in die Bereiche eingreifen, die seiner Hilfe und Korrektur bedürfen.

- Du kannst auch nur eine gewisse Anzahl von Stunden fasten. Sehr beliebt ist eine Fastenzeit von 6.00 Uhr bis 18.00 Uhr. Oder von 12.00 Uhr bis 18.00 Uhr. Wichtig dabei ist, dass du innerhalb dieser Zeiten gewissenhaft bist und das Fasten nicht brichst!

- Du könntest z.B in der Art Fasten bei der du keine feste Nahrung jedoch Flüssigkeit zu dir nimmst. Bei dieser Methode werden deine Gebete noch kraftvoller und du kannst größere Resultate damit erzielen. Aus diesem Grund empfiehlt sich diese Art des Fastens. Du kannst aber auch fasten wie Daniel es tat, ein sogenanntes „Daniel Fasten." Dabei gibt es zwei Arten. In Daniel 1,12 haben Daniel uns seine Freunde über 10 Tage Gemüse gegessen und Wasser getrunken.

In Daniel 10,3 fastet Daniel wieder und enthält sich 21 Tage lang "ansprechender Nahrung", in diesem Fall waren es Fleisch und Wein.

- Mit ein wenig Übung kannst du dann, neben deinem regulären Fasten, deine Fastenperioden erweitern um ein „Durchbruchs-Fasten" (Durchbruch, weil du damit Festungen durchbrichst die sich bis dahin gehalten haben) zu erzielen. Je nachdem wie es deine Zeit zulässt, empfiehlt es sich 3 Tage, 5 Tage, 7 Tage, 14 Tage 21 Tage, 30 Tage oder 40 Tage zu fasten. Oder möglicherweise auch länger. Lass dich hier einfach vom Heiligen Geist leiten. Je länger die Dauer und je größer der Verzicht, desto größer der Durchbruch und der darauf folgende Segen!

- Sehr beliebt ist auch das „trocken Fasten", dass sogenannte **wahre Fasten**. Es ist die Art zu fasten, wie Jesus fastete (Matthäus 4,2). Jesus fastete trocken, auch wenn in der Heiligen Schrift nicht direkt darauf hingewiesen wird!. Auch Mose fasteten 40 Tage trocken (2. Mose 34,28). Bei dieser Art von Fasten wird weder Nahrung noch Flüssigkeit zu sich genommen s. auch das Esther Fasten, in Esther 4,16. Beim Trockenfasten ist unbedingt zu beachten, dass diese Art des Fastens eine **geistliche Reife erfordert!** Das Gute ist, wenn wir geistlich wachsen, so wächst auch unser Fastenleben mit.

- Wenn du aus gesundheitlichen Gründen nicht fasten kannst, versuche dennoch den Verzicht zu üben. Du könntest beispielsweise auf Kaffee, Fleisch, Zucker, Süßes, Handy, Internet, Fernsehen etc. für 7, 14, 21 Tage oder so lange wie der Herr dir es auf dein Herz legt verzichten. Auch hier wirst du durch Verzicht, die Erfahrung machen ruhiger, klarer und fokussierter zu sein.

- Wenn du fastest, achte darauf das du anderen Menschen wohlwollend gibst, oder ihnen so gut du kannst hilfst. Durch die Liebe an unserem Nächsten wird der Herr uns noch stärker segnen als bisher (Jesaja 57, 7-8). Die Konsequenzen die wir tragen müssen, wenn wir uns unseren Nächsten entziehen, finden wir u.a. in Matthäus 25, 41-46 und Lukas 3,9!

Für welche Art des Fastens du dich auch entscheidest, faste zu Ehren Gottes und nicht um dich vor anderen Gläubigen als besonders heilig bzw. abgesondert darzustellen. Wenn möglich, erzähle keinem das du fastest, so wird dir laut (Matthäus 6, 17-18) der Herr vergelten.

*Doch auch jetzt, spricht der HERR, kehrt um zu mir mit eurem ganzen Herzen und mit Fasten und mit Weinen und mit Klagen! Und zerreißt euer Herz und nicht eure Kleider und kehrt um zum HERRN, eurem Gott! Denn er ist gnädig und barmherzig, langsam zum Zorn und groß an Gnade, und lässt sich das Unheil gereuen. **Joel 2, 12-13***

BEVOR DU DAS FASTEN BRICHST, HALTE EINE HEILIGE GEMEINSCHAFT UND DAS ABENDMAHL MIT DEM HERRN (Johannes 6, 53-58)

Eine wunderbare Zeit das Abendmahl zu halten und Gott zu lobpreisen, bietet sich bei Abschluss des Fastens an. Wir danken dem Herrn und schließt das Fasten in Würde und in Gemeinschaft mit ihm ab. Das Fasten soll immer durch die Gnade und durch die Kraft Gottes erfolgen, nicht durch dein eigenes Werk oder Verständnis. Es muss freiwillig gefastet werden und nicht als Bürde oder Last empfunden werden, denn es steht geschrieben:

Wenn ihr aber fastet, so seht nicht düster aus wie die Heuchler! Denn sie verstellen ihre Gesichter, damit sie den Menschen als Fastende erscheinen. Wahrlich, ich sage euch, sie haben ihren Lohn dahin.

*Wenn du aber fastest, so salbe dein Haupt und wasche dein Gesicht, damit du nicht den Menschen als ein Fastender erscheinst, sondern deinem Vater, der im Verborgenen ist! Und dein Vater, der im Verborgenen sieht, wird dir vergelten. **Matthäus 6, 16-18***

Im Folgendem einige nützlichen Informationen für ein siegreiches Fasten:

- Unerfahrene Faster, sollten die Fastendauer am besten vor dem Fasten festlegen, und diese auch einhalten.

- Wer ein Wasserfasten durchführt und nur Wasser zu sich nimmt, sollte auf Saft, Kaffee, Tee, Kaugummi und selbstverständlich auf Zigaretten und Alkohol verzichten!!

- Während eines Fastens sollte man sich unbedingt folgender Dinge entziehen: Videospiele, Fernsehen, exzessives Surfen im Internet, übermäßiger Mobiltelefonkonsum, soziale Medien, Partys und Festlichkeiten, sinnlose Gespräche und Gossip. Halte dich von Dingen fern die deinen Geist nicht erbauen, oder zum Guten befruchten.

- Wenn du fastest, versuche anderen etwas „zu geben" in dem du z.b. spendes- und jemanden hilfst. Der Herr sieht es und wird es dir vergelten.

- Betrüge dich nicht selbst indem du während des Fastens „heimlich" isst und trinkst, der Herr sieht auch das, sei gewiss er lässt sich nicht spotten!

- Falls du aus gesundheitlichen Gründen das Fasten abbrechen musst, bringe es vor den Thron Gottes und besprech es mit ihm. So wirst du das Fasten in Klarheit und Würde beenden. Mache dir jedoch bewusst, dass der Herr in der Lage ist dir neue Kraft zu geben, so dass du dein Fasten krafterfüllt fortsetzen kannst! Auch dieses lässt sich vor dem heiligen Thron Gottes klären!

- Während du fastest, füttere deinen Geist so oft es nur geht, mit dem heiligen Wort Gottes.

- Bete und Sinne über das Wort Gottes nach, du wirst feststellen, dass es dich zugleich nährt und kräftigt!

- Falls du ein Ehemann oder eine Ehefrau bist, versuche deiner ganze Familie das Fasten näher zu bringen, so dass auch sie Gott besser kennenlernen, und zudem lernen durch den Verzicht zu profitieren.

- Gemeinsames Beten verstärkt die Kraft von Gebeten. Deshalb suche dir Gebetspartner mit denen du während des Fastens gemeinsam beten kannst.

- Wenn du dein Fasten beendest, beende es mit dem Abendmahl. Habe Gemeinschaft mit dem Herrn, so wirst du ihm noch näher kommen. Danke ihm für alles was er für dich und für uns (alle seine Kinder) getan hat!

Das Fasten kann sehr reinigend für Körper, Geist und Seele wirken. Ich vergleiche es immer mit einer Badewanne die bis zum Rand hin, mit Schmutzwasser gefüllt ist. Keiner möchte gerne darin baden, weshalb sollte der Heilige Geist das wollen? Deshalb müssen wir den Stöpsel ziehen (Fasten), die Wanne reinigen (das heilige Wort Gottes in uns aufnehmen) und schlussendlich frisches Wasser in die Wanne einlassen (Das Befüllen durch dem Heiligen Geist), um vom Herrn als heiliges wohlgefälliges Opfer erkannt zu werden (Römer 12,1).

Lass dich vom Herrn leiten und führen.
Vertraue ihm und er wird dir dein
Vertrauen belohnen[1]!

---

[1]**Haftungsausschluss:** Der Autor übernimmt keine Haftung bei möglicherweise gesundheitlichen Beschwerden oder Krankheiten, die aufgrund der hier getätigten Informationen ausgelöst werden könnten. Es sollte daher nach Aufsuchung des Herrn, zu jeder Zeit medizinische Hilfe eines Arztes in Anspruch genommen werden.

7. Das Zungengebet

Keine andere Waffe wie das Beten in Zungen ist Missverständnissen und Kontroversen unterworfen wie diese. Wir wenden uns nur kurz dieser Kontroverse zu, denn unser Augenmerk soll hauptsächlich darauf gerichtet sein, dass Zungengebet aus der Perspektive der Kriegswaffe anzuschauen.

Die Zungenrede ist uns mittlerweile besser aus der charismatischen Bewegung bekannt, als aus der heiligen Schrift selbst, aus der sie ihren Ursprung hat. Darin liegt möglicherweise der Grund, dass Jeder der in Zungen betet, automatisch der charismatischen Bewegung zugerechnet wird. Dabei gehört sie zu den Gnadengaben (griechisch Charisma) des Heiligen Geistes (1.Korinther 12,28).

Daher muss man leider sagen, dass es keine größere Zerstörungsbewegung des erlebbaren Glaubens und der Wunder im Leib Christi gibt, als die Inversion (Umkehrung & Umwandlung) durch die charismatische Bewegung.

Wir alle kennen die Bilder bei denen Menschen mit erhobenen Händen und geschlossenen Augen anbeten und immer wiederkehrende Laute wie: ba ba ba, schalamala, raschatata usw. wild vor sich her murmeln. Und obwohl wir laut 1. Korinther 14, 6-9 genau dieses in der Versammlung der Gemeinde nicht tun sollen, wird diese Vorgabe missachtet. Denn laut Paulus muss ein Ausleger der Zungensprache anwesend sein, wenn in der Gemeinde in Sprachen gesprochen wird (1. Korinther 14, 13-28).. pure Missachtung des Wortes Gottes?!

Auffallend ist zudem die Anlockung von jungen Christen durch Rockmusik und „Worship-Liedern". Der Toronto-Segen ist uns allen ein Begriff und wir haben gesehen wie Menschen denen die Hände aufgelegt wurden, unaufhörlich zuckten, unkontrolliert lachten, weinten und rückwärts umfielen. Dabei würde sich der Heilige Geist niemals in einer solchen Art manifestieren, bei der man sich nicht mehr kontrollieren kann (wie es z.b. bei Verletzungen durch das rückwärts Umkippen, oder in eine Art Trance fallen usw. der Fall ist). Und ist es denn nicht so, dass die Geister der Propheten dem Propheten untertan sind? Steht doch im heiligen Wort Gottes geschrieben:

Und die Geister der Propheten sind den Propheten untertan. Denn Gott ist nicht ein Gott der Unordnung, sondern des Friedens.
1. Korinther 14, 32-33

Im Klartext bedeutet dies, dass der Geist des Propheten jederzeit in der Lage ist innezuhalten, sich zu kontrollieren und jederzeit aufzuhören. Auch ist es ihm durchgehend möglich mit anwesenden Personen zu kommunizieren und sich auszutauschen.

Schaut man sich dann die vielen religiösen Fernsehnetzwerke an, bei denen einschlägig bekannte Fernsehprediger ungestraft falsche Lehren und Lügen predigen, wird einem schon schnell klar, dass es sich bei alldem nicht um das Evangelium Jesu handeln kann.

Den Tempel Gottes haben sie zudem zu einer Räuberhöhle gemacht, in dem sie Merchandising mit der Guten Botschaft betreiben. Durch Teleshopping werden geweihtes Wasser, heilende Handschuhe und anderen Obskuritäten angeboten. Der Feind hat sich mit großem Erfolg, durch Fälschungen der Gaben Gottes in den Leib Christi eingeschlichen. Seine Köder sind unter vielen anderen, die angebliche Kraft des „Heiligen Geistes", die Ausschüttung von ununterbrochener Prophetie, göttliche Heilungen, das Sprechen in Zungen und viele weitere physische Phänomene.

Ein spezieller Dauerbrenner ist das Thema von der Rückkehr Jesu und die damit verbundene „baldige Entrückung". Satans Ziel ist eine Irreführung zwischen den Früchten des wahren Heiligen Geistes und den verkehrten Früchten des charismatischen Verführungsgeistes zu erzeugen, mit dem Ziel die Christenheit zu spalten. Dabei nutzt er die biblischen Verheißungen aus dem Buch Joel, Kapitel 3 und schlachtet die Verse von der Ausschüttung der Gaben Gottes zur Endzeit gnadenlos aus.

Als wäre das Alles nicht schon traurig genug, kommt zu alledem noch der Hass, der von vielen Gläubigen, den irre- und fehlgeleiteten Brüdern und Geschwistern entgegengebracht wird, die sich in diesen charismatischen Netzen verfangen haben.

Statt das wir Kinder Gottes uns in Liebe zusammen tun, um für diejenigen Aufklärung zu betreiben, die auf ihren Glaubensweg fehlgeleitet wurden, und nun unwissend in blinder Gefangenschaft leben.. Nein, stattdessen werden sie mit Hohn, Spott Lästerung und Hasstiraden überschüttet.

*Wacht nun und betet zu aller Zeit, dass ihr imstande seid, diesem allem, was geschehen soll, zu entfliehen und vor dem **Sohn des Menschen zu stehen!** Lukas 21,36*

Satan hat in diesem Bereich zwecks Erzeugung von Trennung und Spaltungen, ganze Arbeit geleistet. Als wahre Kinder Gottes sind wir aufgerufen, für diese Brüder und Geschwister zu beten.

Des Weiteren macht sich eine extrem gegensätzliche Bewegung zu der charismatischen immer weiter breit. Der moderne Dispensationalismus, eine Bewegung die gleichermaßen im Auge zu behalten ist. Sie entstand um 1830 in den Gemeinden der Brüderbewegung in England und Irland und wurde von John Nelson Darby entwickelt.

Der moderne Dispensationalismus geht Hand in Hand mit der Bewegung des Cessationismus. Dieser Begriff stammt vom lateinischen Verb „cessare" ab und bedeutet „zögern, aufhören, nachlassen, ruhen, untätig sein."Dispensationisten und Cessationisten, glauben an Jesus als ihren Erlöser, wissen um die Geistesgaben Gottes, der Heilung durch Handauflegungen, der Dämonenaustreibung, der Zungenrede usw. lehnen sie jedoch mit der Begründung ab, es gebe sie nicht mehr. Dabei übersehen sie, dass das Evangelium Jesu ohne die Kraft zu verändern, lediglich nur zu einem Märchen wird!

Sie unterschätzen das eine solche Haltung für viele hilfesuchenden Gläubigen fatale Folgen hat. So wird auch von dieser Seite Verwirrung, Irreführung und Zweifel über die Worte Jesu wie z.B. in Markus 16, 17-18 gesät!

Die Behauptung das die wunderbaren Gaben des Heiligen Geistes der Vergangenheit angehören stammt von Satan und dominiert leider das traditionelle Christentum.. Beide dieser Gruppen könnte man vermutlich zu den Christen zählen die eine Form der Gottseligkeit haben, deren Kraft aber verleugnen (2. Korinther 3,5)! Dabei ist das Evangelium des Neuen Testaments unverändert machtvoll, ewig und fortwährend wahr.

Zweitausend Jahre nach seiner Präsentation gegenüber der Welt ist es immer noch relevant, unbeschnitten und unanfechtbar, genau wie auch die Geistesgaben Gottes! Um die Kinder Gottes gegeneinander auszuspielen, bedient sich der Teufel grundsätzlich immer wieder zwei gleicher Schnittmuster: Entweder er versucht es über die extrem sündhafte Schiene, bei der alles unter den Deckmantel der **„unendlichen Gnade Gottes"** fällt, (so auch wie das Sündigen am laufendem Band!). Oder er arbeitet über den extrem gesetzlichen Deckmantel, bei der ein **„unerbittlicher strafender Gott"** das Zepter hält (ein Gott der nie zufrieden ist und dem man nichts recht machen kann!). So traurig es auch sein mag, scheint er doch leider mit beiden Verführungsmanövern große Erfolge im Leib Christi verbuchen zu können.

Ein Fürbitte – Gebet für unsere verirrten Glaubensgeschwister

Himmlischer Vater,

im Namen deines Sohnes Jesus Christus, komme ich heute vor deinen heiligen Thron, um Fürbitte für meine Glaubensbrüder und Geschwister die sich in den Lügen und Irrlehren des Feindes verfangen haben, zu erbitten.

Denn in Epheser 6,18 steht geschrieben, dass wir mit **allem Gebet** und **Flehen** beten sollen, **zu jeder Zeit im Geist**, und hierzu **wachen sollen** in **allem Anhalten** und **Flehen für alle Heiligen.**

Herr, ich bitte für alle meine Geschwister die vom schmalen Weg abgekommen sind, und unbemerkt auf den breiten Pfad wandeln (Matthäus 7, 12-14).

Ganz besonders bitte ich für alle meine Geschwister, die von einem falschen charismatischen Verführungsgeist von der Wahrheit weg geleitet wurden.

Herr, bitte befreie auch alle meine Geschwister, die von einem religiösen Pharisäergeist festgehalten werden.

Herr, bitte wecke all diejenigen auf, die sich in den Stricken des Feindes verfangen haben. Vater, bitte öffne ihnen ihre Augen, Ohren und Verstand, so dass sie wieder klar sehen, hören und denken können. Bitte befreie sie aus den Fesseln der Lügen und der Täuschungen unseres Erzfeindes! Sie sollen wahre Erkenntnis erlangen, um aus den Fängen der Finsternis befreit zu werden, in Jesus Namen.

Herr, bitte zerschlage die vom Feind gesäte: Hoffnungslosigkeit, Mutlosigkeit, Unglaube, Kleinglaube, Irrglaube, Irrlehren, Verwirrung, Angst, Manipulation, Täuschung, Lüge, sowie Hexerei und Zauberei in und über ihrem Leben.

Für alle deine Kinder die grade geschwächt sind, im Glauben zweifeln, Herr bitte gebe du ihnen von deiner unendlichen Hoffnung und Kraft und stehe ihnen in jeder Prüfung, die du für sie vorgesehen hast bei. Herr, bitte lasse es im Namen Jesus Christus nicht zu, dass sie so schwerfallen, dass der Feind über sie triumphiert.

Dein Geist soll über sie kommen, und sie von Kopf bis Fuß erfüllen, so dass sie in ihrem Denken und in ihren Emotionen erneuert werden, und ihren Willen aufrichtig an dich abgeben. Dein Wille für sie möge sich ihnen offenbaren, so dass sie lernen, in der Bestimmung zu wandeln, welche du für sie vorgesehen hast.

Herr, bitte begleite sie durch die Täler ihres Lebens, stärke und stütze sie und erleuchte ihre Dunkelheit. Herr, bitte leuchte ihnen als unauslöschliches Licht, denn du bist das Licht der Welt. Sie sollen erinnern und sprechen:

Ja, **du bist meine Leuchte, HERR**; und der **HERR erhellt meine Finsternis. 2. Samuel 22,29**

Herr, du bist als Licht in die Welt gekommen, damit jeder, der an dich glaubt, nicht in der Finsternis bleibe; (Johannes 12,46).

Erst jetzt erkenne ich, dass ich Satan Kraft gegeben habe, auch in meinem Leben zu wirken (Matthäus 5,22).

Herr, bitte vergebe mir jedes böse Wort, dass ich jemals über meine Glaubensgeschwister, die sich in den Fängen des Feindes verirrt haben, geäußert habe.

Herr, ich tue Buße über den Hass und die Feindseligkeit die ich ihnen entgegen gebracht habe. Herr, bitte vergebe mir meine Anklagen und meine Verurteilungen diesen Geschwistern gegenüber, es steht geschrieben:

Ich sage euch aber, dass die Menschen von jedem unnützen Wort, das sie reden werden, Rechenschaft geben müssen am Tag des Gerichts; denn aus deinen Worten wirst du gerechtfertigt werden, und aus deinen Worten wirst du verdammt werden.
Matthäus 12, 36-37

Vater, bitte lass mich jetzt durch die Worte meines Mundes gerechtfertigt sein.

Herr, ich danke dir und bitte dich,

in Jesu Allmächtigen Namen,

Amen!

Seufzt nicht gegeneinander, Brüder, damit ihr nicht gerichtet werdet! Siehe, der Richter steht vor der Tür. **Jakobus 5,9**

Ist die Zungenrede ein Beweismittel für den Heiligen Geist?

In vielen Pfingstgemeinden wird die Lehre vertreten, dass die notwendige und entscheidende Kennzeichnung des Heiligen Geistes, die Gabe der Zungenrede sei. Das ist eine absolut falsche Interpretation der biblischen Lehre. Die Geistestaufe wird oft mit dem Empfang des Heiligen Geistes (was zur Bekehrung geschieht), verwechselt! Bekehrung und Geistestaufe können zwar Hand in Hand gehen, müssen es jedoch nicht. Jemand kann Jesus sein Leben übergeben haben, aber die Geistesgaben können nicht aktiv sein, wie es leider bei sehr vielen Christen der Fall ist.

Tut Buße, und jeder von euch lasse sich taufen auf den Namen Jesu Christi zur Vergebung eurer Sünden! Und ihr werdet die Gabe **(Einzahl!)** *des Heiligen Geistes empfangen.* **Apostelgeschichte 2,38**

Wer Jesus sein Leben übergeben hat, hat seit diesem Moment den Heilige Geist in sich. Die **Geistestaufe** ist wiederum das, was die Jünger Jesu an Pfingsten erlebt haben: Die Ausrüstung mit der **KRAFT** des Heiligen Geistes! Durch diese Kraft wurden sie nicht nur befähigt in anderen Sprachen zu reden, sondern auch Menschen die Hände aufzulegen, damit diese gesund werden. Ebenfalls Menschen von dämonischer Bindung zu befreien, Wunder zu tun usw. (Apostelgeschichte 19, 1-7).

Ein Gefühl der Ekstase, außergewöhnliches Kribbeln oder ungewöhnliche Ergriffenheit und das Nachrattern aneinandergereihter Silben ist kein Beweis dafür, dass man den Heiligen Geist empfangen hat. Die Taufe des Heiligen Geistes, oder aber auch die Erfüllung mit dem Heiligen Geist, kann (s.1. Samuel 19, 23-24) muss aber keine physischen Manifestationen mit sich bringen. Wenn man wirklich glaubt solch große Gabe wie den Heiligen Geist empfangen zu haben, kann es sehr wohl sein, dass man ein tiefes Gefühl der Freude empfindet. Jedoch ist es eine falsche Annahme, dass man in Zungenbeten muss, um errette zu sein. Auch muss man nicht in Zungenbeten, um den Heiligen Geist oder die Geistestaufe zu empfangen!

Bitte einfach den Herrn und dir wird gegeben werden! **Lukas 11, 9-13**

Der Herr weiß sehr wohl wozu Ungehorsam und Blindheit bei seinen Kindern führt. Durch Rebelion und Sünde hat Satan Anrechte bei diesen Kindern erwirkt. Darum ist der folgender Vers diesbezüglich nicht verwunderlich.

In **Jesaja 28,13** lesen wir:

Und das Wort des HERRN für sie wird sein: Zaw la zaw, zaw la zaw, kaw la kaw, kaw la kaw; hier ein wenig, da ein wenig; damit sie hingehen und rückwärts stürzen und zerschmettert werden, sich verstricken lassen und gefangen werden.

Aber sollen wir laut dem Heiligen Wort Gottes nicht im Geist beten? (Judas 1,20)

Sehr gerne wird oftmals Epheser 6,18 als Argument herangezogen, dass jeder Gläubige in Zungen beten muss:

> *Mit allem Gebet und Flehen betet zu **jeder Zeit im Geist**, und wachet hierzu in allem Anhalten und Flehen für alle Heiligen.*

Dabei wird außer acht gelassen, dass es sehr wohl möglich ist, als Christ nicht ausreichend mit dem Heiligen Geist erfüllt zu sein, sonst würde Paulus uns nicht zu folgendem ermahnen:

> *Und berauscht euch nicht mit Wein, worin Ausschweifung ist, sondern **werdet voller Geist; Epheser 5,18***

Wenn wir der heiligen Schrift glauben, ist es anscheinend möglich unterschiedlich voll vom Heiligen Geist erfüllt zu sein. Jakobus weist uns in (Jakobus 4,3) daraufhin, dass ein Christ auch wenn es ihm nicht bewusst ist, falsch beten kann:

> *Ihr bittet und empfangt nichts, **weil ihr übel bittet**, um es in euren Lüsten zu vergeuden.*

Die Art der Gebete von denen Jakobus spricht, da sollten wir uns alle einig sein, sind nicht die Gebete die aus dem Heiligen Geist gesprochen wurden. Hier ist die Rede von Gebeten, die aus unserem Fleisch und aus unseren Emotionen gesprochen werden. In der Tat kann ein Christ abschweifende, geistleere, selbstbezogene Gebete beten. Daher der Hinweis von Paulus für uns, zu jeder Zeit im Geiste zu beten! Epheser 6,18 hat nichts mit der Zungenrede zu tun, sondern vielmehr mit der persönlichen Beziehung, die der Glaubende zu Gott und zu seinen Geschwistern im Herrn hat. Dabei dürfen wir uns folgende Fragen stellen: Bin ich ausreichend mit den Dingen Gottes aufgefüllt? Pflege ich regelmäßig Gemeinschaft mit dem Herrn? Bin ich wissbegierig auf das Wort Gottes? Wenn ja, sinne ich darüber nach? Setze ich es im Alltag ein? Wachse ich im Glauben? Bete ich selbstlos insbesondere auch für andere?

Fragen die sich ein jeder Christ stellen muss, denn die Antworten auf diese Fragen sind die Mess-Schnur inwieweit er mit dem Heiligen Geist erfüllt ist.

Nach dem 1. Korinther 12 wissen wir, dass die Gaben Gottes unterschiedlich verteilt sind und kein Gläubiger allein über ALLE Gaben verfügt. Nur Jesus war voll Heiligen Geistes und konstant mit ihm erfüllt (Johannes 3, 34-35).

Die biblische Zungenrede

Was ist also nun das biblische Zungengebet aus der Sicht der Kriegswaffe, die der Herr einigen von uns als Gabe gegeben hat?

Das Beten in Zungen ist eine vom Heiligen Geist nicht bekannte inspirierten Sprache, die als Sprachen der Menschen und der Engel (1. Korinther 13,1) bezeichnet werden kann. Sie ist ein Geschenk Gottes und nicht erlernbar.

Die Bezeichnungen können folgende sein:

- Zungengebet
- Zungenrede
- Sprachengebet
- Sprachenrede
- Reden in Sprachen
- Gebetssprache
- Beten im Geist etc.

Es gibt verschiedene Arten von Sprachen (1. Korinther 12, 10+28). Darunter fallen beispielsweise das Zungen Gebet des Lobpreises, der Fürbitte, der Klage und des Sprachengesangs (1. Korinther 14-16).

Zudem gibt es 3 Kategorien von Sprachen:

1. **Die wahre Zungenrede:** Das biblische Beten im Geist. Der Mensch der sie spricht, wird erbaut und trägt Furcht.

2. **Die falsche Zungenrede:** Sie ist eine dämonische Zungenrede, eine Imitierung des Feindes. Der Mensch der diese Sprache spricht entwickelt sich geistlich nicht weiter, auch wird er durch sie nicht erbaut.

3. **Die leere Zungenrede:** Diese Art der Zungenrede ist zwar echt, jedoch lebt dieser Mensch in Sünde (fleischliche Zunge). Da Gott aber seine Gaben nicht wieder wegnimmt (Römer 8,29), trägt dieser Christ keine Frucht aufgrund seiner Verharrung in der Sünde.

Denn wer in einer Sprache redet, redet nicht zu Menschen, sondern zu Gott; denn niemand versteht es, im Geist aber redet er Geheimnisse. ***1. Korinther 14,2***

Wenn wir in Zungen Beten, dann beten wir ohne Ablenkungen und Umwege direkt zum Herrn. Obwohl kein anderer das Gesprochene verstehen kann, können wir jedoch gewiss sein, dass der Herr uns versteht.

Das Sprachengebet ist in der Regel eine Sprache, die hauptsächlich zwischen uns und dem Herrn in unserem stillen Kämmerlein gesprochen wird. Zu den Ausnahmen von dieser Regel nimmt Paulus im 1. Korintherbrief Kapitel 14, 1-25 einen ganz direkten Bezug.

Gott versteht alle Sprachen. Die der Menschen sowie auch die der Engel. Ganz anderes beim Feind, er versteht die Zungenrede nicht, deshalb kann er das Gebet mit seiner boshaften Armee nicht sabotieren. Es ist mit unter der Hauptgrund weshalb er das Zungengebet so stark angreift und es in Verruf bringt. Er hat ein großes Interesse daran, Christen davon abzuhalten, sich nach der FÜLLE des Heiligen Geistes auszustrecken.

In Daniel 5 lesen wir wie Belsazar der Sohn Nebukadnezars in seinem Palast ein rauschendes Fest feierte. Dabei verwendete er Gefäße die sein Vater aus dem Tempel von Jerusalem erbeutet hatte. Während des Trinkgelages erscheint ihm eine geisterhafte Schrift an der Wand seines Palastes. Daraufhin ließ er sofort seine Schriftgelehrten herbeirufen, die sich aber als unfähig erwiesen den Text zu entziffern. In Daniel 5, 11-12 lesen wir weiter:

*Es gibt einen Mann in deinem Königreich, in dem der Geist der **heiligen Götter** ist; und in den Tagen deines Vaters wurden Erleuchtung, Einsicht und Weisheit gleich der Weisheit der Götter bei ihm gefunden. Und der König Nebukadnezar, dein Vater, hat ihn zum **Obersten** der Wahrsagepriester, der Beschwörer, Sterndeuter und Zeichendeuter eingesetzt; dein Vater, König! Und zwar deshalb, weil ein **außergewöhnlicher Geist** und Erkenntnis und Einsicht, Träume zu deuten, Rätsel zu erklären und Knoten zu lösen, bei ihm gefunden wurde, bei Daniel, dem der König den Namen Beltschazar gegeben hat. Deshalb lass jetzt Daniel rufen! Und er wird die Deutung kundtun.*

Daraufhin wurde der Prophet Daniel herbeigeführt, um die Schrift zu interpretieren. Er las: *Mene mene tekel u-pharsin* (Daniel 5,25).

Die Worte: *Mene mene tekel u-pharsin* werden von ihm mit folgenden Verben gedeutet: *gezählt, gewogen und geteilt.*

Daniel interpretiert folgendermaßen:

- – Gott hat dein Königtum *gezählt* und beendet
- – Du wurdest *gewogen* und für zu leicht befunden
- – Dein Reich wird *geteilt* und den Medern und Persern gegeben

Daniel deutete dies als Untergangs-Prophezeiung des Reiches Belsazars. Noch in der gleichen Nacht wurde Belsazar von seinen Knechten erschlagen, weil er die heiligen Tempelgefäße Gottes entweiht hatte.

Belsazars Schriftgelehrten bzw. seine Wahrsagepriester, Beschwörer, Sterndeuter und Zeichendeuter (hierbei handelt es sich um die Propheten Satans) konnten diese „himmlische Sprache" nicht deuten. Nur Daniel, den Gott die Interpretation offenbart hatte, konnte die Prophetie enthüllen. Von daher wissen wir, dass Satan die Zungensprache nicht versteht.

Das **biblische Beten in Zungen** ist nur durch den Heiligen Geist möglich. Wer also die Möglichkeit hat, mit Gott in eine Kommunikation zu treten die der Feind nicht versteht, sollte diesen großen Pluspunkt nutzen. Denn in diesem unerbittlichen Krieg kann es jedem Einzelnen von uns nur zum Vorteil sein.

Und sie wurden alle mit Heiligem Geist erfüllt und fingen an in anderen Sprachen zu reden, wie der Geist ihnen gab auszusprechen. **Apostelgeschichte 2,4**

Vorteile des Zungengebets:

- Es ist ein Beten ohne zeitliche Begrenzung möglich
- Wir beten nach dem Willen Gottes
- Es hilft uns dabei die Schwachheiten des Fleisches zu überwinden
- Es erbaut uns geistlich
- Es lässt uns in der Liebe Gottes wandeln
- Es gibt uns Ruhe und Erholung
- Es ist eine andere Art mit Gott zu kommunizieren
- Es ist eine andere Art den Herrn zu verherrlichen und zu lobpreisen
- Es ermöglicht uns Gottes Stimme besser zu hören (Johannes 10,27)
- Es ermöglicht den Willen Gottes „down zu loaden"
- Zunahme der Offenbarungen Gottes
- Zunahme von Inspirationen und Ideen

- Zunahme anderer Geistes Gaben
- Es hilft uns die Gaben Gottes in uns, weiter zu entwickeln
- Der Herr sieht, was wirklich von Nöten ist (nicht was wir wollen, sondern was wir brauchen) und sendet Hilfe

Christen die in Zungen beten geben Zeugnis über das Beten in Zungen:

- Es hätte blutdrucksenkende Eigenschaften
- Es würde ein Aufbau und eine Pflege des geistlichen Leibes erfolge (1. Korinther 15,44)
- Man sei krafterfüllt und ausgeglichen
- Es würde sich ein Sättigungsgefühl einstellen (kein Hunger über Stunden)
- Die Denkfähigkeit würde sich verstärken
- Dämonische Bedrückungen würden sich auflösen
- Es fällt leichter zu vergeben
- Es hilft das klar gesprochene Gebet am Ende zu „versiegeln" bzw. vor räuberischen Einflüssen zu verschließen
- Ein Sicherheitsempfinden stelle sich ein (Aufbau eines geistlichen Schutzkreises)

- Schlafstörungen würden abnehmen (Ruhe tritt ein)
- Mut und Glauben würden wachsen
- Der Gebetswortschatz nehme zu
- Gedanken und Emotionen würden gereinigt werden
- Man würde mehr Klarheit über schwierige Situationen erhalten

Ebenso aber nimmt auch der Geist sich unserer Schwachheit an; denn wir wissen nicht, was wir bitten sollen, wie es sich gebührt, aber der Geist selbst verwendet sich für uns in unaussprechlichen Seufzer.
Römer 8, 26

Die Top 7 Irreführungen Satans über die Zungenrede damit wir sie nicht als Waffe gegen ihn einsetzten

1. Sie ist nicht für jeden Christen bestimmt.

Das ist so nicht ganz richtig, denn in Apostelgeschichte 2, 1-4 lesen wir:

Und als der Tag des Pfingstfestes erfüllt war, waren sie **alle** an einem Ort beisammen. Und plötzlich geschah aus dem Himmel ein Brausen, als führe ein gewaltiger Wind daher, und erfüllte **das ganze Haus**, wo sie saßen.

Und es erschienen ihnen zerteilte Zungen wie von Feuer, und sie setzten sich **auf jeden Einzelnen von ihnen**. Und sie wurden **alle** mit Heiligem Geist erfüllt und fingen an in anderen Sprachen zu reden, wie der Geist ihnen gab auszusprechen.

In 1. Korinther 12, 29-30 lesen wir wiederum:

> Sind etwa **alle** Apostel? **Alle** Propheten?
> **Alle** Lehrer? Haben **alle** Wunderkräfte?
>
> Haben **alle** Gnadengaben der Heilungen?
> Reden **alle** in Sprachen? Legen **alle** aus?
>
> Eifert aber um die größeren Gnadengaben!
> Und einen Weg noch weit darüber hinaus
> zeige ich euch.

Aus diesen Versen lässt sich schließen, dass die Geistesgaben für uns alle bestimmt sind, jedoch können wir sie nur nach dem Willen Gottes empfangen, denn er teilt jedem besonders aus, **wie er will** (1. Korinther 12, 7-11). Im Klartext bedeutet es, dass nicht jeder von uns, die gleichen Gaben hat oder haben wird. Auch entscheiden nicht wir selbst, ob eine bestimmte Gabe für uns oder andere bestimmt ist, denn das liegt ganz alleine in der Zuweisung und Austeilung des Herrn. Wir sollten zumindest alle nach den Geistesgaben streben, (1. Korinther 14,1+4) damit wir den Herrn verherrlichen, und uns gegenseitig erbauen.

*Mit allem Gebet und Flehen betet zu jeder Zeit **im Geist**, und wachet hierzu in allem Anhalten und Flehen für alle Heiligen.*
Epheser 6,18

Im Geist zu beten bedeutet, unter der Leitung vom Heiligen Geist zu beten. Das heißt, wir beten für die Dinge, die uns der Heilige Geist ans Herz legt.

Daher sollte das Beten im Geist verstanden werden als **das Beten in der Kraft des Geistes, geführt durch den Geist und gemäß Seinem Willen**, nicht aber ausschließlich als das Gebet in Zungen!

2. Was werden die „anderen" von mir denken?

Ich behaupte, dass verkopfte und gesetzliche Menschen die jenigen sind, welche die größten Schwierigkeiten haben die Gabe der Zungenrede zu empfangen.

Ihre Gedanken sind voll von geistlichen Doktrinen, die ihnen gerechtfertigte Gründe liefern, weshalb, die Zungenrede nicht von Nöten oder von Wichtigkeit für sie sei. Dabei verstecken sie sich unbewusst vor dem Urteil anderer. Ihre Angst sie könnten in die „charismatische Schublade gestellt werden, versperrt ihnen diesbezüglich die Nähe zum Herrn.

3. Ich brauche sie nicht

Hier spricht der verdrehte Hochmut nach Menschenweisheit. Gott ist mit Gewissheit kein Gott der Verwirrung, als das er uns eine Gabe schenkt die wir in diesem Glaubenskampf nicht gebrauchen könnten!

Fakt ist eher, dass viele Christen erschöpft und kraftlos sind, weil sie versuchen diesen Krieg aus eigener Kraft zu kämpfen. Sie versuchen die Lasten selbst zu tragen, wobei Jesus doch sagt sein Joch sei leicht (Matthäus 11,30). Also was nützen dem Herrn schwache Soldaten, die glauben selbst unter dem Joch Jesus zusammenzubrechen? Ist es nicht eher Gottes Charakter uns täglich zu stärken?

4. Du hättest sie wieder verloren

Nachdem das Zungengebet einmal empfangen wurde, fällt es einem vielleicht schwer es aufs Neue zu beten. Aufgrund der Blockaden geht man davon aus, man hatte sie möglicherweise wieder verloren. Vielleicht aus Sorge man hätte gesündigt und sie dadurch verloren, oder der Herr hätte sie wieder weg genommen.

Wie schon vorher kurz erläutert, Gott nimmt seine Gabe nicht wieder zurück. Vielmehr ist es wiedereinmal ein Trick des Feindes dich glauben zu lassen, diese Waffe stünde dir nicht mehr zur Verfügung. Die Frage die sich dabei stellt: „Was nützt es als Soldat viele Kenntnisse über Waffen zu haben, jedoch nicht in Besitz einer zu sein?"

5. Die Zungenrede ist komisch

Anfänglich mag das Reden in Zungen komisch scheinen. Doch irgendwann stellt sich die Gewöhnung ein. Und das muss es schließlich auch, denn wie kann man Christ sein und Angst vor dem Übernatürlichen haben? Oder wie kannst du ein Fischer sein und Angst vor dem Wasser haben?

Dabei hat uns der Herr doch keinen Geist der Furcht gegeben. (2. Timotheus 1,7). Ein Kind Gottes muss die Fähigkeit besitzen mit dem Übernatürlichen umgehen zu können.

Hinterfrage dich einmal ob es vielleicht nur die Angst vor Menschen ist, die dich davon abhalten könnte die Gaben Gottes, die er für dich bereit hält anzunehmen. Frage dich ob möglicherweise der Geist der Angst dafür zuständig sein könnte dich davon abzuhalten, den Dienst im Bereich des Übernatürlichen anzutreten?

6. Sie liegt nicht im Fokus unserer Gemeinde

Ich danke Gott, ich rede mehr in Sprachen als ihr alle. 1. Korinther 14,18

Unsere Gemeinde konzentriert sich nicht auf die geistlichen Gaben Gottes, deshalb spricht bei uns keiner in Zungen. Das ist eine andere Art zu sagen: "Wir ignorieren einfach die geistlichen Gaben Gottes". Wer kann sich eine Gemeinde vorstellen, die da sagt: "Also **wir** konzentrieren uns **nicht** auf **Vergebung** und **Nächstenliebe**"?

Oder: "unser Hauptaugenmerk liegt nicht auf den Tugenden der Liebe, Freude, Friede, Langmut, Freundlichkeit, Güte, Treue, Sanftmut, Enthaltsamkeit usw."? Undenkbar, doch leider ist genau das in vielen Gemeinden der Fall. Was würde Paulus dazu sagen, ließt man doch im *1. Korinther 14,5:*

*Ich möchte aber, dass ihr alle in Sprachen redet, mehr aber noch, dass ihr weissagt. Wer aber weissagt, ist größer, als wer in Sprachen redet, es sei denn, dass er es auslegt, **damit die Gemeinde Erbauung empfange.***

7. Die Zungensprache sei dämonisch

Hierbei handelt es sich um Satans Lieblingsargument, weshalb ein Christ nicht in Zungen sprechen sollte. In der Tat gibt es wie schon anfangs erwähnt „Die falsche Zungenrede", welche dämonischen Ursprungs ist. Aber wie ist nun falsch von richtig zu unterscheiden? Indem wir als oberste Priorität in unserem Leben stetig das Angesicht Gottes suchen.

Wenn wir unermüdlich seine Gegenwart bzw. seine Nähe durch das Lesen und Studieren der Heiligen Schrift suchen, und uns von ihm durch Fasten und Gebet reinigen lassen, (Matthäus 17, 21) dann wird der Heilige Geist uns in alle Wahrheit hineinführen. Somit wird es uns auch möglich sein, falsche Geistesgaben von echten zu unterscheiden. Ein Merkmal der wahren Zungenrede ist zudem, dass es sich bei der biblischen Zungenrede um einzelne Worte handelt, wie es bei allen Landessprachen üblich ist.

Damit ist nicht die Aneinanderreihung von Worten anderer Landessprachen gemeint, denn die Zungenrede ist eine eigene Sprache für sich. Betrachtet man das geschriebene an der Wand aus Daniel 5,25 *„Mene mene tekel u-pharsin"* stellt man fest, dass es sich dabei um mehrere Worte einer uns nicht bekannten Sprache handelt. Die Zungensprache kann auch aus einzelnen Silben und Lauten bestehen, insbesondere wenn der Sprecher diese erst frisch empfangen hat. Jedoch wird sie sich mit der Zeit immer weiter ausbauen. Die dämonische Zungenrede ist von einem nicht geistlichen Menschen mit dem „natürlichen Ohr", nicht von der wahren Zungenrede zu unterscheiden!

Die wahre biblische Zungenrede sollte jedoch folgende Merkmale aufweisen:

→ Die Zungenrede muss den Sprecher unter das Kreuz Jesu bringen. Was bedeutet, dass Innere sollte sich dem Äußeren anpassen und den Herrn ehren und verherrlichen. Freizügigkeit in der Auswahl der Kleidung, viel Make up, auffällige Frisuren, Zungenpiercings sowie Piercings jeder Art sind hier fehl am Platz! (bei Frauen sollten z.B. ein paar Ohrlöcher völlig genügen).

→ Ein Mann hingegen sollte völlig auf Ohrlöcher verzichten, übertriebener Körperschmuck, grelle Haarfarben, starkes Parfum, Tattoos (die insbesondere nach der Bekehrung gemacht wurden!) usw. gehören wenn wir den Herrn verherrlichen wollen nicht dazu! (1. Petrus 3, 3-4)

*Wisst ihr nicht, dass ihr Gottes Tempel seid
und der Geist Gottes in euch wohnt?*
1. Korinther 3,16

→ Lobpreis unter feurigen Zungen hat die Eigenschaft zu erbauen und den Geist zu erheben (er wird leichter). Aus diesem Grund ist eine **konstant anhaltende Depression** unter dem Lobpreis und der Danksagung an Gott dauerhaft nicht möglich! (Apostelgeschichte 16, 22-25).

→ Ein Gläubiger der sehr stark im Heiligen Geist und in Zungen betet, wird ein großes Interesse daran haben, dass Evangelium unter dem Feuer des Heiligen Geistes an andere weiter zu geben, um das Haus des Herrn weiter aufzubauen (Haggai 1, 2-9)!

Leider gibt es auch einen Dämon der sich da nennt „Verhindert die Zungenrede." Es handelt sich hierbei um einen religiösen gesetzlichen Geist. Wir kennen ihn auch von den Pharisäern, die selbst Jesus der dämonischen Lehre bezichtigt haben (Matthäus 12,24). Dieser Geist ist auch heute noch sehr weit unter der Mehrheit der Christenheit verbreitet und sehr aktiv. Sobald ein Christ kurz davor steht die Gabe der Zungenrede zu empfangen, flößt dieser Geist ihm Angst ein. Manchmal geschieht dies durch die eigenen Gedanken und Zweifel des Gläubigen. Doch oftmals werden sie auch durch seine Glaubensbrüder und Geschwister hervorgerufen.

Diese Gläubigen werden überflutet mit Argumente weshalb es nicht gut sei in Zungen zu beten, und das sie nicht wissen könnten woher sie käme usw.. Überdies sei das Zungengebet absolut dämonisch und vieles mehr. Satan nutzt hier die eigenen Geschwister um eine Mauer der Unüberwindlichkeit aufzubauen. Denn er weiß aus erster Hand, dass wenn er seine üblen Samen des bösen richtig streut, die Christenheit die einzige Armee ist die sich von innen selbst zerstört (Markus 3, 24-25-27).

Ihr aber, Geliebte, erbaut euch auf eurem heiligsten Glauben, betet im Heiligen Geist,
Judas 1,20

Der Herr freut sich wenn seine Kinder in Geheimnissen zu ihm reden. Bitte den Herrn und er wir sein Versprechen wahrmachen (Matthäus 7, 9-11). Dies geschieht ausschließlich nach seinem Willen, denn nur die Kinder die im Gehorsam leben, wird er mit seinem Heiligen Geist erfüllen, darum steht geschrieben:

Und wir sind Zeugen von diesen Dingen und der Heilige Geist, den Gott denen gegeben hat, die ihm gehorchen.
Apostelgeschichte 5,32

Nachfolgend ein einfaches Gebet, um die Geistesgaben die der Herr für uns bereitgestellt hat zu empfangen.

Gebet für den Empfang von Geistesgaben

Himmlischer Vater,

im Namen deines Sohnes Jesus Christus, bitte ich um die Taufe des Heiligen Geistes. Bitte segne mich mit allen Gaben und Fähigkeiten, die du für mich vorbereitet hast, sowie mit der Führung des Heiligen Geistes.

Herr Jesus Christus, bitte schenke mir die Gabe der Erkenntnis, der Geisterunterscheidung, des Glaubens und alles was ich benötige, um Frucht zu bringen nach deinem Willen. Denn du sagst, was wir bitten in deinem Namen, dass wirst du tun damit der Vater verherrlicht werde im Sohn (Johannes 14,13).

Vater, in Jesu Namen bitte ich dich, dass Sprachengebet sowie auch anderen Geistesgaben zu meiner Erbauung und Wachstum in mir freizusetzen. Herr, bitte schneke mir die Gaben nach deinem Willen, so dass ich damit meinen Mitmenschen dienen kann, um Zeugnis darüber zu geben, dass deine Herrlichkeit in Ewigkeit bestehen wird!

Herr ich danke dir, denn ich weiß, dass ich heute durch Glauben alle Geistesgaben empfangen habe, die ich zur deiner Verherrlichung nutzen darf und die du von Anbeginn der Welt nach meinen Talenten für mich bereit gehalten hast (Matthäus 25, 14-30).

Herr Jesus Christus, ich danke dir und möchte bezeugen, dass ich dir, deinem heiligen Wort und allen deinen Verheißungen glaube.

Ich werde träumen, ich werde Visionen haben und ich werde weissagen. Ich werde in den geistlichen Raum sehen können, nach **DEINEM WILLEN** soll geschehen.

Danke Herr Jesus Christus für deinen Willen in meinem Leben, das dir gehört!

In Jesu Namen

Amen!

Nachdem du dieses Gebet gesprochen hast, öffne deinen Mund und spreche aus was der Heilige Geist dir in den Sinn gibt. Am Anfang mag es sich noch komisch anfühlen oder auch seltsam anhören, aber je mehr du im Glauben wächst, desto mehr wird sich dein Zungenwortschatz erweitern. Ab jetzt kannst du an deinem stillen Rückzugsort jeder Zeit und so viel du willst zum Herrn in Geheimnissen beten. Du wirst eine neue Art der Kommunikation mit ihm genießen. Zudem wirst du eine neue Nähe zu Jesus aufbauen. Aus meiner ganz persönlichen Erfahrung weiß ich, dass der Herr es liebt wenn seine Kinder in Sprachen beten. Es ist zu vergleichen mit der Freude, die unsere irdischen Eltern bei unseren ersten Worten empfunden haben.

Auch erfreut er sich sehr wenn wir in Sprachen singen (Sprachengesang). Vergesse nicht: Nichts und Niemand sollte dich beunruhigen, denn schließlich ist diese Form des Betens hauptsächlich nur zwischen dir und dem Herrn bestimmt!

Achte in Zukunft auf deine Worte, vermeide Klatsch und Tratsch als auch unützes Gerede und Lästerungen damit deine Gebete nicht negativ beeinträchtigt werden (Jakobus 3, 1-12). Vermeide es auch vor anderen Gläubigen in Sprachen zu sprechen wenn es niemanden gibt, der es auslegen kann!

*Wenn aber kein Ausleger da ist, so schweige
er in der Gemeinde, rede aber **für sich
und für Gott.** 1. Korinther 14,28*

Lass dich nicht richten, ängstigen oder in irgendeine Schublade stecken! Der Feind wird versuchen Menschen zu senden, die dich entmutigen werden deine Gabe zu benutzen. Lass es nicht zu, dass deine kostbaren Geschenke irgendwo verstauben!

Das Beten in Zungen ist eine sehr kraftvolle Waffe im geistlichen Kampf. Aus der Perspektive der Kriegswaffe ist sie mit einem Panzer zu vergleichen, der viele feindliche Ziele mit lediglich einer Kanonenladung zerschlagen kann!

*Daher, Brüder, eifert danach, zu weissagen,
und hindert das Reden in Sprachen nicht!
Alles aber geschehe anständig und in
Ordnung.* **1. Korinther 14, 39-40**

Kapitel 10

Unsere Rüstung

Der Gürtel der Wahrheit

Wir brauchen den Gürtel der Wahrheit, weil Satan der Vater aller Lügen ist. Schließlich ist er derjenige der Eva im Garten Eden Lügen flüsterte. Und so flüstert er uns die gleichen Lügen auch heute noch. Aber die Wahrheit Gottes schützt uns vor diesen Unwahrheiten. Wie ein Gürtel hält uns die Wahrheit fest, wenn wir Gott, seinem Wort und seinen Verheißungen glauben. Wir sind aufgerufen, Gott im Geist und in der Wahrheit anzubeten (Johannes 4,24). Was bedeutet wir müssen Gott, uns, und unseren Mitmenschen gegenüber immer in Ehrlichkeit und Treue handeln. Ja, dies bedeutet auch, dass wir selbst bei der Steuererklärung keine falschen Angaben machen!

Der Gürtel hält unsere Rüstung zusammen. Er dient uns zudem als Aufhängung für den Halter, in welches das Schwert hineingesteckt wird. Somit steht der Gürtel der Wahrheit im engen Zusammenhang zum geistlichen Schwert, welches das Wort Gottes ist. Nach einer Weissagung in (Jesaja 11,5) wird der kommende Retter und Messias mit Wahrheit umgürtet sein. Jesus ist der Weg, die Wahrheit und das Leben! (Johannes 14,6).

Wenn wir im Glauben in der Verbindung, mit Jesus bleiben, der selbst die Wahrheit ist und dessen Geist uns in alle Wahrheit leitet, dann können wir im geistlichen Kampf sehr, sehr siegreich sein!

Der Panzer der Gerechtigkeit

> *Er zog Gerechtigkeit an wie einen Panzer und setzte den* **Helm des Heils** *auf sein Haupt, und er zog Rachegewänder an als Kleidung und hüllte sich in Eifer wie in einen Mantel.* **Jesaja 59,17**

Durch Jesu Gerechtigkeit sind wir erlöst Römer (3, 22-26), deshalb werden wir in der Heiligen Schrift immer wieder ermahnt, nicht auf unsere eigene Gerechtigkeit zu vertrauen. Die einzige Gerechtigkeit die wir haben, ist durch die Gerechtigkeit Jesu. Der Kampf ist zudem gefährlich und kann unser Herz mit Furcht erfüllen, auch aus diesem Grund, hat der Herr uns den Brustpanzer der Gerechtigkeit gegeben, denn:

> *Hieran sind offenbar die Kinder Gottes und die Kinder des Teufels: Jeder, der nicht Gerechtigkeit tut, ist nicht aus Gott, und wer nicht seinen Bruder liebt.* **1. Johannes 3,10**

Dieser Teil der Rüstung ist sehr wichtig und schützt unser Herz. Wer im Kampf am Herzen getroffen wird, kann tödlich verwundet werden. Satan will unser Herz verletzen in dem er die schlechten Dinge die wir einst getan haben, wieder und wieder hervorbringt.

Er macht andauernde Schuldzuweisungen damit wir ausschließlich nur auf unsere Sünden schauen. Sein bestreben ist, dass wir vor Gott wegrennen und uns verstecken. Genauso wie es Adam und Eva im Garten Eden taten, nachdem sie sich versündigt hatten (1. Mose 3,8). Satan hat ein großes Interesse daran, dass wir glauben, dass Gott uns die Sünden nicht vergeben kann, weil wir böse und der Liebe Gottes nicht würdig seien. Jedoch hat Gott uns durch seinen Sohn am Kreuz vergeben. Durch das Blut Jesu sind unsere Sünden reingewaschen. Nun gilt es dieses wunderbare Geschenk auch im vollen Umfang in Anspruch zu nehmen! Wer Christus im Herzen hat und durch ihn vor Gott gerechtfertigt wurde, kann vom Widersacher nicht mehr vor Gott verklagt und für schuldig befunden werden. Und so müssen auch wir uns selbst vergeben, damit unser Herz wieder heilen kann.

Die Schuhe des Evangeliums des Friedens

Gott möchte, dass alle Menschen gerettet werden (1. Timotheus 3-4), denn diese Welt liegt im Dunkeln. Satans finstere Armee liebt es an dunklen Orten zu kämpfen. Eine ihrer Strategien ist es, den Menschen den Geist für die Wahrheit zu verblenden, damit diese bis zu ihrem Tode in Blindheit verharren. Deshalb steht geschrieben:

Geht hinein durch die enge Pforte! Denn weit ist die Pforte und breit der Weg, der zum Verderben führt, und viele sind, die auf ihm hineingehen. Denn (wie) eng ist die Pforte und schmal der Weg, der zum Leben führt, und wenige sind, die ihn finden. **Matthäus 7, 13-14**

Wir haben das Schuhwerk und damit auch den Mut erhalten die Botschaft Jesu, mit der gleichen Klarheit wie Jesus und seine Jünger es taten an andere weiter zu geben. Dazu gehört es uns selbst und auch andere in Liebe zu warnen. Dieses kann sehr viel Kraft und Einsatz von uns erfordern. Gleichwohl sind wir aufgefordert, in Frieden zu wandeln, denn Jesus war zu seiner Erdendzeit eine sehr friedvolle Person und das ist er auch heute noch. Gott möchte, dass wir genau wie Jesus stark und fest stehen, in mächtigen Schuhen des kraftvollen Evangeliums des Friedens. Als wahre Christen sind wir verpflichtet die Schuhe des Evangeliums täglich zu tragen, um stets bereit zu sein die gute Nachricht unter die Menschen zu bringen. Wir sind aufgerufen diesen Frieden zwischen Gott und den Menschen zu verkündigen und in die ganze Welt hinauszutragen.

Das Schild des Glauben

Wahrhaftig, schon wieder wetzt er, der Feind, sein Schwert, spannt seinen Bogen und rüstet ihn. Aber gegen sich selbst hat er die Mordwerkzeuge bereitet, seine Pfeile brennend gemacht. **Psalm 7, 13-14**

Einer der tödlichsten Waffen des Feindes sind seine Worte. Es sind böse, verletzende und zerschmetternde Pfeile die mit Feuer getränkt sind. Pfeile werden grundsätzlich immer aus einer Distanz heraus geschossen. Daraus ist ersichtlich, dass der Feind keine Autorität hat. Denn in Christus ist keine Finsternis (1. Johannes 1,5), deshalb schießt der Widersacher seine Pfeile aus einer weiten Distanz durch die Dunkelheit hindurch und zielt geradewegs auf unser Herz. Ein einziger Pfeil kann unser Herz mit Angst, Sorgen, und Unruhe erfüllen. Wenn uns Schicksalsschläge treffen, lassen sie uns auch schon mal an der Güte Gottes zweifeln. Oder wir fragen uns ob Gott unsere Gebete wirklich hört, weil uns manchmal einfach das Verständnis, die Disziplin und die Geduld fehlen auszuharren. In solchen Lebenslagen fällt es uns schwer am Glauben festzuhalten, denn immer dann machen sich Kleinglaube und Unglaube in uns breit. Deshalb hat der Herr uns das Schild des Glaubens gegeben, damit wir diese feurigen Pfeile des Bösen abwehren können. Bezeuge so oft du kannst deinen Glauben an unseren Herrn Jesus Christus. Bezeuge deinen Glauben nicht nur in deinem stillen Kämmerlein mit Worten, sondern auch öffentlich mit deinen Werken (Jakobus 2, 14-20). Wahrer Glaube ist volles Vertrauen in Gott (Hebräer 11). Je größer der Glaube, desto breiter das Schild und desto kleiner die Glaubenskrisen. Das Schild des Glaubens kann jeden Zweifel den Satan in unsere Richtung schießt abwehren. Unser Glauben ist in Jesus Christus, er ist der König aller Könige und der Herrscher über alles Leben. Er ist der größte Gewinner und der größte Held aller Zeiten. Er ist es, der alle Waffen des Feindes zerstört!

Hierzu ist der Sohn Gottes offenbart worden, damit er die Werke des Teufels vernichte.
1. Johannes 3,8

Unser Helm des Heils

Unser Kopf ist sehr wichtig, es ist der Ort an dem unsere Gedanken entstehen. Satan wird grundsätzlich immer erst versuchen deinen Kopf anzugreifen, denn im Kopf befindet sich die Steuerzentrale für den Rest deines Körpers. Er wird versuchen deine Gedanken mit Dingen zu füllen, die entweder der Ungerechtigkeit und Lüge entsprechen, oder zur Sünde verführen. Zu gerne pflanzt er uns Samen in unsere Gedanken, die seine Pläne unterstützen uns zu vernichten. Dazu gehört alles verbotene und jede Art von Verlangen, Gelüsten, Reizen usw. Schafft er es dich aus dem Schutzkreis Gottes bzw. aus den Geboten Gottes herauszulocken, erwirbt er ganz automatisch das Recht in deinem Leben zu wirken. Denn dann befindest du dich auf <u>seinem</u> Territorium, und das wiederum bedeutet feindliches Gebiet!

Die Nacht ist weit vorgerückt, und der Tag ist nahe. Lasst uns nun die Werke der Finsternis ablegen und die Waffen des Lichts anziehen! **Römer 13,12**

249

Er wird diese Gelegenheit unerbittlich nutzen, um dich zu verderben, damit du vom Glauben abfällst. Sein Plan ist es dich auszulöschen (Johannes 10,10). Darum ist es auserordentlich wichtig allen Versuchungen zu wiedererstehen und Sünde zu meiden. Damit es nicht soweit kommt hat der Herr uns den Helm des Heils gegeben, sodass wir unsere Gedanken vor jeder verlockenden Idee und Verführung schützen können. Zudem ist der Helm des Heils in der Lage uns vor aufkommenden Zweifeln zu bewahren und diese abzuwehren. Wir können es uns unter **keinen** Umständen leisten, an Jesus zu zweifeln! Daher sind wir gut beraten, stetig unser Heil im Herrn zu bezeugen (Römer 10,10) und unsere Gedanken mit dem Wort Gottes zu füllen, um Satan zu widerstehen!

Das Schwert des Geistes

Die Heilige Schrift beschreibt Satan als Drachen (s. z.B. Offenbarung 20,2). Viele Christen haben deshalb Angst sich gegen ihn zu wehren, oder sich gegen ihn zu behaupten. Dabei hat Gott uns eine mächtige Waffe in die Hand gegeben, sein heiliges Wort! Alle bisher genannte Teile der göttlichen Waffenrüstung sind Waffen der Verteidigung. Das Schwert des Geistes hingegen dient uns nicht nur zur Verteidigung, sondern auch zum Angriff.

Das Wort Gottes ist die einzige Waffe, gegen die Satan nicht kämpfen kann. Es gibt keine vergleichbare Waffe im geistlichen Kampf, wie das Wort Gottes. Jeder Christ muss die heilige Schrift kennen, denn es ist unsere einzige Handwaffe. Es lehrt uns geistliche Soldaten wie wir kämpfen sollen. Es führt uns in die Wahrheit und in den wahren Lobpreis Gottes. Es lehrt uns auch über das noch kommende. Eine Zukunft die Satan am meisten fürchtet, da er weiß, dass sein Ende naht. Die Heilige Schrift beschreibt eindrucksvoll wie Gott den Feind am Kreuz besiegt hat, und Satan schlussendlich im Feuersee sein endgültiges Ende findet. Denn Satans Königreich ist bereits entzweit, darum lesen wir:

*Und wenn der **Satan gegen sich selbst aufgestanden** und **mit sich entzweit ist**, kann **er nicht bestehen**, sondern **er** hat ein **Ende**. **Markus 3,26***

Doch bis dahin geht der Krieg weiter..

ENDE Teil 1

Hiermit haben wir den ersten Teil der Grundausbildung zum geistlichen Krieger absolviert. Wir haben gelernt was geistliche Kriegsführung ist und wie dieser Kampf zu kämpfen ist. Wir wissen nun wie wichtig es ist auf unsere Gedanken und Äußerungen achtzugeben. Wir haben uns mit dem Tabuthema der dämonischen Belastung von Christen auseinandergesetzt. Auch kennen wir jetzt die Symptome dämonischer Belastungen und sind in der Lage diese schneller zu identifizieren. Zudem kann uns das Wissen über den Zuständigkeitsbereich von Gewalten, Mächten, Weltbeherrschern der Finsternis und den geistigen Mächten der Bosheit in unserem Glaubenskampf sehr weiter helfen.

Im 2. Teil der Grundausbildung werden wir uns mit den Sicherheitsvorschriften auf dem Schlachtfeld und mit unseren Angriffsstrategien auseinandersetzen, die sich wie folgt zusammensetzen:

- Die Vergebung
- Gebet zur Vergebung
- Trennung von okkulten Gegenständen
- Wenn Christen Götzendienst betreiben
- Götzen der modernen Welt
- Raus aus dem Götzendienst
- Gebet zur Lossagung vom Götzendienst

- Die Selbstverfluchung
- Widerruf von Selbstverfluchungen
- Das Lösen und binden
- Legale Rechte von Dämonen
- Mögliche Türöffner
- Das außerordentliche legale Recht
- Generationskreisläufe / Generationsflüche
- Gegenangriffe und Anfechtungen
- Unsere Träume
- Essen im Traum
- Sex im Traum und Seelenbindungen
- Das Treffen Verstorbener im Traum
- Das Heiraten im Traum
- Die Fortbewegung im Traum
- Warnung vor Tieren im Traum
- Gebäude und Menschen aus der Vergangenheit
- Die Bedeutung von Wasser im Traum
- Vorsorgemaßnahmen vor dem Schlafengehen
- Gegenerklärung und Widerruf von bösen Traumbündnissen (ausführlich)
- Hexen und Zauberer
- Symptome der geistlichen Hexerei
- Der Herr kämpft für uns!
- Die Kriegsführung

- Dämonische Manifestationen
- Die Missachtung von Epheser 6,12
- Was du erwarten kannst, wenn Befreiung stattfindet
- Begriffsklärung innerhalb der Befreiungsgebete
- Mit oder ohne Kopfverhüllung beten?

Es warten also noch sehr viele Themen die für einen Krieger Gottes nicht nur interessant sein dürften, sie schulen dich darüber hinaus in der Erkenntnisserlangung nach Hosea 4,6. Es sind Themen die dir noch mehr Einblick darüber verschaffen werden, wie die geistliche Welt unter der Beachtung von Gottes Geboten operiert. Sie werden dir zudem helfen, dich in deinem Wettkampf des Glaubens zu unterstützen.

–·–·–·–·–·–·–·–·–·–·–·–·–

Konntest du etwas lernen?

Wenn du irgendetwas aus diesem Buch mitnehmen konntest, würden wir Dich bitten uns einen Gefallen der Nächstenliebe zu tun: Entweder indem Du das Buch weiterempfiehlst, ein Exemplar verschenkst, oder eine kurze Bewertung auf Amazon hinterlässt. In der Regel dauert das keine 2 Minuten, doch es hilft uns und anderen Lesern enorm weiter.

Vielen herzlichen Dank für deine Unterstützung!

Die besten Wünsche und viel Erfolg im weiteren Glaubenskampf!

Lilian Ofosu & das Team von

Kriegsführung nach Epheser 6,12

Buchempfehlung

Grundausbildung der wahren geistlichen Kriegsführung

nach Epheser 6,12 II

Der Kampf geht weiter..

ISBN: 978-3-752868-26-5

In der Fortsetzung der Grundausbildung der wahren geistlichen Kriegsführung, werden wir uns näher mit den geistlichen Gesetzen Gottes befassen. Wir werden entdecken, dass die Einhaltung der Gebote Gottes darüber entscheidet, ob wir Erkranken oder Gesunden. Ob wir in Einsamkeit, Arbeitslosigkeit, Armut oder Fruchtlosigkeit stecken bleiben.

Wir wenden uns dem Schlachtfeld auf dem wir kämpfen zu, um zu erforschen welche Fehler auf dem Kriegsfeld unbedingt zu vermeiden sind. Unvergeben, Götzendienst und Selbstverfluchungen sind nur einige wenige dieser Verstoße. Wir werden uns mit den legalen Rechten von Dämonen, sowie mögliche Türen die wir ihnen unbedacht öffnen befassen. Weiterhin werden wir uns mit dem Thema auseinandersetzen inwieweit unsere Träume mit dem geistlichen Kriegskampf in Verbindung stehen und ob unsere Schlachten nicht bereits in unseren Träumen entschieden werden.

Auf unserer Website

www.kriegsfuehrungnachepheser6-12.com

finden Sie unter Kriegsführungsgebeten, viele weitere hilfreiche Gebete für die verschiedensten Lebenssituationen.
Melden Sie sich für unseren Newsletter an, so verpassen Sie keine neuen Gebete!

Sie finden uns auch auf Youtube

unter:

Kriegsführung nach Epehser 6,12

Kriegsführung
nach Epheser 6,12

Haftungsausschuss